长江少儿科普馆
中国孩子与科学亲密接触的殿堂

Changjiang
Children's
Encyclopedia

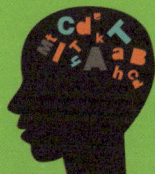

世界上下五千年

刘兴诗爷爷讲述

英国革命—日俄战争

刘兴诗 著

长江出版传媒 长江少年儿童出版社

目录

目录
contents

法国绘画：《公社社员墙》，描绘 1871 年 5 月 28 日，法国巴黎公社失败后的第三天，公社社员遭处决时的场景（文化传播/FOTOE）

我问你，历史，近代从哪一天开始？

我问你，历史，近代有什么大事记？

我问你，历史，近代有什么可歌可泣、可恨可惜的故事？

资产阶级革命的炮声，揭开了近代历史。殖民主义的黑暗，玷污了近代的史篇。

你看呀，英国查理国王走上断头台，揭开了资产阶级革命的序幕。

你听啊，巴黎公社的炮声，吹响了无产阶级革命的号角。

你瞧吧，海地黑人暴动的呐喊，发出了独立自由的高亢呼声。

彼得大帝、拿破仑，一代名王，曾经风流一时，令人叹息，令人怀想。

姆克瓦瓦、章西女王，高举反殖民主义大旗，抛头颅、洒热血，千古流芳。

林肯解放黑奴，庄严宣告"民治、民有、民享"的民主理想。

裴多菲高唱："生命诚可贵，爱情价更高。若为自由故，二者皆可抛！"

十二月党人宁可充军西伯利亚，不肯低下高贵的头颅。

伟大的马克思、恩格斯，呼唤"全世界无产者联合起来"，展示了共产主义的灿烂理想。

不识时务的国王，脑袋搬家一命亡

断头台上的国王

17世纪，英国发生一场资产阶级革命，砍掉了一个国王的脑袋。

这个国王，是英国斯图亚特王朝的第二个国王查理一世。他的爸爸詹姆士一世原本是苏格兰国王。在苏格兰，他算詹姆士六世，做了英格兰国王，就改称詹姆士一世了。

噢，越说越糊涂了。古时候，苏格兰和英格兰是两个对立的国家，曾经打得头破血流。一个苏格兰国王，怎么一下子变成了对方的国王呢？

这和英格兰都铎王朝的末代女王伊丽莎白之死有关系。她去世后，因为没有孩子，实在找不到接班人，找来找去，就找到了苏格兰的詹姆士六世。因为他的母亲和英格兰王室多少有些沾亲带故，就被推选出来，兼任英格兰的国王。新王朝以他自己的姓氏命名，被称为斯图亚特王朝。尽管他坐上了英格兰的国王宝座，英格兰和苏格兰却还是两个各自独立的国家。一个国王身兼两个国家的国王，也算是旷古奇闻了。

得啦，咱们把斯图亚特王朝建立的前因后果交代清楚了，就可以说说眼前的主角，被砍掉脑袋的查理一世了。既然他的爸爸身兼两国国王，他当然也是一样的。那时候，英格兰已经有了资本主义萌芽，苏格兰却还停留在比较落后的封建主义的阴影下。詹姆士一世父子俩出身于苏格兰宫廷，思想自然不免有些保守，矛盾就出来了。

请看他们怎么处理这个矛盾吧。

小知识

斯图亚特王朝　英格兰王国的末代王朝。前期从1603年詹姆士一世登基开始，到1649年查理一世被处死结束。1660年曾经复辟，1707年与苏格兰合并，正式改名叫作大不列颠联合王国。

那时候，随着殖民地日渐增多，海内外贸易不断发展，英格兰的工商业已经比较发达了。特别是毛纺织业，在当时的世界上已经有了较大的影响，也是英格兰的经济支柱，加上别的工业门类，已经形成了一个比较完整的工业体系，需要合理的政策支持。可是查理一世站在封建王朝的立场，顽固执行老一套的税收政策。他还把好几百种商品列为王室的专利，由王室指定的部门专卖。这岂不大大损伤新兴工商业者的利益，妨碍经济进一步发展么？

他对农民又是什么态度呢？

在顽固的封建主义制度下，农民还有好果子吃吗？不消说，剥削压迫十分厉害，老百姓几乎喘不过气了。

瞧，在那个时候，除了王室

英王查理一世（1625—1649年在位），英格兰、苏格兰及爱尔兰国王，也是唯一被送上断头台的英国君主。（文化传播/FOTOE）

贵族和一些大封建地主，不管什么社会阶层的人都对他很不满意。

不管什么国家，议会都是老百姓的传声筒。老百姓不满意，就会通过议会发出反对的声音。

查理一世才不管这一套呢。他的眼睛里压根儿就没有人民，摆出了封建国王的无上权威。既然议会不听话，就别召开会议吧，省得听着心里烦。他在位期间，从1629年到1640年，就没有召开过一次议会，只依靠他的左右两个臂膀——斯特拉福伯爵和洛德大主教，实行国王专政，想怎么干就怎么干。

这样一来，矛盾就越来越大了。农民首先起来反抗，掀起了声势浩大的起义。城市失业的贫民和工人也发生暴动，造成社会动荡，形势很不稳定。1639年，苏格兰还爆发了大规模反英起义，弄得查理一世焦头烂额，日子很不好过。

镇压群众暴动，就得增加军费，需要一大笔钱。钱从什么地方来呢？当然是羊毛出在羊身上。为了筹集款项，他不得不重新召开议会，讨论增加税收的问题。想不到一开会，议员们就争论不休，根本解决不了问题。这样吵吵闹闹的，会议刚刚开了三个星期，查理一世一生气，又解散了议会。

议会解散了，问题没有解决也不成呀。过了不久，他只好再召开议会，希望议员们乖乖地按照他的旨意，讨论通过增加税收的提案。

他做梦也没有想到，这次议会不但没有按照他的指示办，竟在议长皮姆的带头下造反了，并且通过了三项决议。

第一，反对征收军费的命令；第二，逮捕斯特拉福和洛德；第三，宣布议会长期存在，国王不能随便解散议会。议会的决议传出来，老百姓高兴极了，纷纷拥上街头游行示威，支持这三条正确的决议。

查理一世急了，气冲冲闯进议会大厦，十分傲慢地对议员们说："你们想造反吗？还不马上释放斯特拉福伯爵和洛德大主教？"

谁知议员们在皮姆的带领下，竟敢不买他的账，毫不客气地顶嘴："他们犯了叛国罪，应该判处死刑。"

这时候，伦敦市民也行动起来，游行队伍大声呼喊口号，坚决支持议会决议，要求立刻处死斯特拉福伯爵和洛德大主教。

眼看面前的形势无法控制了，查理一世连忙派人给北方的一个司令官送信，叫他立刻带兵赶到伦敦，武力解散议会，解救出自己的两个宠臣，平定眼前的混乱局面。不料送信的人还没有走出伦敦，就被愤怒的老百姓抓住了。这事如同火上浇油，老百姓闹腾得更加厉害了。20万群众集合起来，包围住王宫，逼着查理一世在死刑宣判书上签了字。

查理一世害怕了，悄悄溜出王宫逃到北方，纠集了一支军队杀向伦敦，准备反攻倒算。议会一方也不示弱，也组织起武装队伍反抗，并在1645

1649 年 1 月 30 日，英国国王查理一世被公开处决。（文化传播/FOTOE）

年 6 月 14 日的一场决战中，打垮了王家军队。查理一世见势不妙，连忙化装逃跑了，一溜烟跑到苏格兰躲起来。英格兰老百姓不放过他，用 40 万英镑的高价把他买了回来，关进一个城堡，不准他乱说乱动。

三年后，查理一世逃了出来，勾结苏格兰贵族，发动了第二次内战。仅仅闹了半年多，他又被议会军俘虏了。这一次，就没有他好果子吃了。为了彻底清算查理一世的罪行，议会专门组成了一个特别法庭，对他进行审判，宣布查理一世是"暴君、叛徒、杀人犯和人民公敌"，判处他死刑。

吓得脸色发白的查理一世被带上断头台，咔嚓一声，他的脑袋就被砍掉了。

想一想

查理一世为什么丢了脑袋？

他是封建王朝的结束者，
他是专制独裁的"无冕之王"

"护国主"克伦威尔

我们在前面已经讲过了，英国资产阶级革命期间，发生了两次内战。议会军是怎么打赢的？和剑桥来的一个乡绅带领的几十个"乡丁"分不开。

他是谁？就是后来赫赫有名的"护国主"克伦威尔。

那时候，议会里面乱哄哄的，分什么独立派、长老派、平等派、掘地派，等等，各自代表不同集团的利益，你争我吵，意见不统一。面对穷凶极恶、妄图反扑的王家军，有的主张坚决打，有的却提出与国王和解算了，怎么打得赢呢？所以议会军一开始连吃几个败仗，眼看王家军快要打到伦敦了。议会危急，人民危急。一旦查理一世领兵打回来，实行反攻

17世纪，英国内战时期的奥利弗·克伦威尔（1599—1658）。克伦威尔是英国内战中议会军领袖，战后任护国公，英国最伟大的军人和政治家之一。（文化传播/FOTOE）

倒算，大家还会有好日子过吗？

这时候，克伦威尔挺身站出来，从自己的庄园和附近农村里挑选了60个体格健壮的青年，组成一支骑兵小分队，飞快赶往战场。

噢，战场上千军万马，小小一支骑兵队伍管什么用？

请别小看了这支骑兵小分队，这是克伦威尔经过仔细调查分析，特地建立起来的"秘密武器"。原来当时步兵手里的火枪，要从前面的枪口装子弹，还得点火才能发射，操作麻烦，动作慢，火力不强，而且射程也不远。王家军扛着这种火枪上战场，只能吓唬手拿钢叉和木棍的乡巴佬，在一支快速冲锋的骑兵面前，就手忙脚乱，发挥不出威力了。

克伦威尔就是看准了这一点，大胆使用速度压倒火力的策略，精心组织这支骑兵队，投入了战斗。他手下这些士兵觉悟很高，士气高涨，一个个生龙活虎，远远胜过王家军。在克伦威尔的指挥下，这支骑兵队常常以少胜多，冲杀起来势不可当，很快就出名了，赢得了"铁骑军"的荣誉。这支骑兵出名了，加入的人也越来越多，打起仗来越来越强，敌人听见克伦威尔和"铁骑军"的名字就吓破了胆。

1644年7月2日，议会军和王家军在英格兰北部的马斯顿荒原上进行一场会战。敌人远远瞧见克伦威尔的旗帜，心里就有些打鼓了，正要安排士兵抵挡，想不到已经来不及了。克伦威尔抢先发动进攻。随着一阵炮轰，他亲自带领"铁骑军"，扬起寒光闪闪的利剑，像一股风似的冲杀过去，把王家军的阵势冲得七零八落。许多士

小知识

独立派 主张各个教堂独立自主，反对成立国教。代表中等资产阶级和中小贵族的利益。以克伦威尔为领袖，主张成立共和国。

长老派 主张设立长老管理教会，代表大资产阶级和上层新贵族的利益，主张和国王妥协。

平等派 小资产阶级民主派，也主张建立共和国。

掘地派 代表无地和其他贫穷农民利益，最激进的派别。反对土地私有制，主张劳动者平均分配土地，曾经开展集体开荒活动。

兵还来不及从枪口装进子弹，就被一剑刺穿了胸膛。这一仗大长议会军的威风，大灭王家军的志气。

好呀，就这样打下去多好。想不到后院里面起了火，一些长老派的议员竟悄悄和查理一世国王讲和。王家军喘过了气，就利用议会内部不团结，打了两个胜仗。

克伦威尔急了，针对保守派的活动，连忙在议会里提出军队改革。经过激烈辩论，议会终于通过了一项决议：由他负责，以"铁骑军"为核心，建立一支新军队，叫作"新模范军"。克伦威尔打破陈腐观念，大胆提拔一些平民出身的军官，大大加强了军队的战斗力。

1645 年 6 月 14 日，议会军和王家军再一次在英格兰中部相遇。王家军企图利用大雾偷袭议会军，想不到闯进议会军的营地，却是一个空营。克伦威尔的军队早就埋伏在旁边，前后两路夹击，打得王家军大败。查理一世虽然化装逃跑了，后来还是被抓住。克伦威尔亲自签署了死刑执行书，把查理一世送上了断头台。

反对查理一世国王的斗争结束了，英国的封建王朝也跟着完蛋，在克伦威尔的积极推动下，英国成立了共和国，由一个匆忙成立起来的临时国务委员会领导。谁是新生的共和国的首脑？不消说，就是众望所归的克伦威尔了。

这就完了吗？

不，往后的事情还多着呢。查理一世死后，保皇派并没有认输，不愿意就这样退出历史舞台。一些顽固的保皇派分子以苏格兰和爱尔兰为基地，抬出查理一世的儿子查理二世，组织力量进行反攻，在克伦威尔的打击下，很快就土崩瓦解，查理二世逃亡到法国。英格兰占领了苏格兰和爱尔兰，彻底消除了眼前的王室复辟势力。

这是好事情呀！想不到一个接一个的胜利，使克伦威尔昏了脑袋，他竟一脚踢开议会，把全国划分为 11 个军管区，以武力支撑他的统治，用军事独裁代替民主议会，搞起了独裁统治的一言堂。他在手下喽啰的支持下，宣布自己是终身制的"英格兰、苏格兰和爱尔兰的护国主"，虽然不

1653 年 4 月 20 日，克伦威尔武力解散"残余议会"。（文化传播/FOTOE）

是国王，却比国王还威风，实际上是英国的"无冕之王"。

唉，人们真想不到呀。"共和国"的招牌下，居然还会发生这种事情。由此可见，失去约束的个人权力无限制膨胀，就会诞生专制独裁，真值得警惕呀。

这个威风八面的克伦威尔，后来怎么样了？

这还用多说吗？他一旦变质，从积极打倒封建王朝的革命者，蜕化为大独裁者，失败的命运就已经注定了。老百姓不满意这个没有国王的国王时代。失去了老百姓的支持，还会有好结果吗？他完全按照从前封建帝王那一套，公然玩弄起"父传子"的伎俩，安排自己的儿子当接班人。他死后，儿子查理·克伦威尔粉墨登场，当上了第二任护国主，不到一年就被推翻。查理二世在法国的支持下趁机归来，斯图亚特王朝又复辟了。

想一想

？

克伦威尔成功和失败的教训是什么？

要自由的老百姓愤怒了，把国王送上断头台

围攻巴士底监狱

法国的国庆节是 7 月 14 日。

你知道这是怎么来的吗？

说起这件事，话就长了。

两三百年前，法国是一个王权至上的封建主义国家。王权至上，就王权至上呗，古时候什么国家不是王权至上？可是法国不仅把国王抬得高高的，还把全体国民分为三等。

头等是僧侣。他们说："我们以祈祷为国王服务。"

第二等是贵族老爷。他们说："我们以宝剑为国王服务。"

最底层的是普通老百姓，被踩在僧侣和贵族老爷的脚板下，不能抬头翻身。新兴资产阶级没有地方归类，也被算成第三等。各种各样的苛捐杂税统统压在身上，他们连大气也出不了。

REVEIL DU TIERS ETAT.

1788 年，全国连续两年遭受灾荒，没有办法渡过难关。为了把负担转嫁到第三等人民身上，第二年路易十六国王召开一次三级会议，玩弄了一个花招，让三个等

漫画：《复苏的第三等级》。描绘约 18 世纪法国的三级会议。（文化传播／FOTOE）

1789 年 7 月 14 日，法国巴黎民众围攻巴士底狱的情景。（文化传播 /FOTOE）

级的代表分别开会，最后一个等级只能投一票。这样一来，国王就牢牢掌握住第一和第二等级的两票，可以否决第三等级的一票，想怎么说就怎么说了。

这算哪门子投票法？老百姓愤怒了，干脆不承认这个等级制度，自己召开"国民大会"，准备制定宪法进行改革。

路易十六一听就火了，立刻派兵驱赶会议代表，不准制宪会议继续进行。

老百姓再也压抑不住怒气了。7 月 12 日，愤怒的巴黎市民聚集起来，举行游行示威。面对这样的情景，路易十六竟命令武力镇压。全副武装的骑兵挥起亮晃晃的马刀，冲进人群乱劈乱砍，许多无辜群众倒在血泊里，美丽的巴黎在痛苦呻吟。

有一个年轻人不顾危险，爬得高高的，大声呼喊："公民们，国王雇佣的德意志兵团正向巴黎开来，要对我们大肆屠杀。拿起武器吧，这是我们唯一的生路！"

别的角落里，不怕死的人们也在大声疾呼，积极准备着。

13日天刚刚亮，老百姓就不约而同拿起一切可以找到的武器，有火药枪、斧头、砍刀、长矛，甚至一根根铁叉和木头棍子。他们握着五花八门的武器，一鼓作气攻占了军火库，夺取了许多枪支弹药武装起自己，很快就控制了全城。

14日一早，不知是谁首先喊出"到巴士底去"的口号，成千上万的起义市民朝巴士底监狱冲去。

巴士底监狱原本是一座军事要塞，高高耸起八个塔楼，非常牢固，不仅有高大厚实的围墙，还有炮台和军火库，俯瞰着整个巴黎，易守难攻。守卫士兵瞧见人群拥来，用大炮轰，用火枪射击，打倒了一片片试图冲到跟前的市民，挡住了蜂拥向前的人潮，稳住了形势。尽管起义者手里也有枪，却由于火力不够，压根儿就不能损伤城堡半根毫毛。

乱哄哄的起义群众东找西找，终于找到几门长满铁锈的大炮，却又找不到炮手。有一些人自告奋勇站出来，充当临时炮手，勉强发射出一发发炮弹，打在监狱的墙上，引起一阵阵欢呼，却只打得烟雾弥漫，砖屑乱飞，损伤不了它的筋骨。除了给大家鼓一下劲，没有太大的作用。

起义者呼喊着："我们需要真正的大炮和炮手！"如果没有威力强大的大炮，就别想攻破这座象征封建主义的监狱。

过了很久，乱哄哄的人群里终于出现了一门威力巨大的火炮，在有经验的炮手的操作下，发出震破耳膜的怒吼。一颗颗炮弹射向巴士底监狱，轰塌了城墙，逼迫里面的卫队挂起白旗投降。

人群高声呼喊："自由万岁！"从四面八方冲了进去，解放了监禁在里面的政治犯，彻底拆毁巴士底监狱，取得了最后胜利。后来为了纪念这个伟大的胜利，法国就把7月14日定为国庆节。

围攻巴士底监狱胜利了，那个作威作福的路易十六国王怎么办？

起初他想逃到国外，被革命群众抓住了。不久，奥地利趁着法国

小知识

《人权宣言》 1789年8月26日，法国制宪会议通过，确认"主权在民"、私有财产不可侵犯等资产阶级民主的基本原则。

1793 年 1 月 21 日，巴黎革命广场，路易十六以叛国罪被处死。（文化传播/FOTOE）

一团混乱，对法国发起了进攻。丧心病狂的路易十六竟指使王后，把本国的作战计划泄露给敌人，企图依靠外国力量，重新恢复权力。

革命群众发现了他的罪恶行动，重新冲进王宫逮捕了他。人们在搜查王宫的时候，在夹壁里发现了一个铁柜子，里面竟装满了路易十六和外国勾结，图谋借用外国力量镇压革命的信件，还有许多收买议员的账目。外国封建主义势力也对法国资产阶级大革命恨得要死，处心积虑，准备使用武力帮助被推翻的波旁王朝复辟。

哼，这岂不是叛国行为吗？

叛国者必死！愤怒的革命群众立刻宣布他的死刑，1793 年 1 月 21 日，把他送上了断头台。这是欧洲一些国家进行资产阶级革命，砍掉的第二个国王的脑袋。第一个倒霉蛋是英国的查理一世。我们已经讲过了，你还记得吗？

你猜，这个断头台是谁设计的？

原来正是路易十六自己设计，打算用来镇压老百姓的。想不到他自己的性命也在这个断头台上断送了，真是一个莫大的讽刺。

哼，谁叫他用武力镇压自己的老百姓呢？这样的专制独裁者，绝对没有好下场。

想一想

老百姓为什么要攻打巴士底监狱？

他是坚定的革命战士，
他是革命恐怖政策的执行者

恐怖的罗伯斯庇尔

巴黎革命群众攻破巴士底监狱，处死路易十六国王以后，建立了法兰西第一共和国。谁来掌握政权呢？

那时候，形势一片乱糟糟。一些代表大工商业资产阶级利益的家伙就钻出来，也主张废除君主制度，建立共和国。从表面上看，他们和大多数老百姓的立场一样，很容易蒙蔽人们的眼睛。1789 年国王被推翻了，趁着一片乱哄哄的，他们在 1792 年 8 月爬上了领导岗位，掌控了一年左右的政权。这些人多半来自吉伦特地区，所以叫作吉伦特派。

不消说，他们和真正的革命者不一样，关心的只是怎么维护资产阶级的利益，反对革命继续深入发展。经过了攻打巴士底监狱革命洗礼的广大群众，渐渐识破了他们的真面目，不再支持他们。他们很快就被雅各宾派代替了。

雅各宾派是怎么一回事？

这是在大革命时期，参加雅各宾俱乐部的一个激进派政治团体，正式名称叫作"宪法之友社"。因为他们曾经在巴黎的雅各宾修道院集会，所以叫作这个名字。那时候，人们的思想十分活跃，政治派别也很多，雅各宾派的成分也很复杂。有的人开始时参加一个派别，后来又参加另外一派，鱼龙混杂，内部意见当然也有一些分歧了。

小知识

国民公会 18 世纪法国资产阶级革命期间建立的最高立法机构。雅各宾派掌权时，国民公会作为最高权力机构，颁布一系列法令，废除封建所有制，建立了革命民主专政。

这时候，有三个革命领导人物，罗伯斯庇尔、丹东和马拉。

罗伯斯庇尔原本是一个律师，积极参加政治活动。在国王掌政时期，他是三级会议的代表，十分关心人民的命运，支持公民应该拥有普选权，犹太人也应该有自己的权利，反对国王至高无上的否决权，主张废除死刑和法国殖民地的奴隶制，反对新闻审查。他极力抨击国王和政府，维护人民的利益，立场非常坚定，赢得了"不可腐蚀者"的称号。

1792年8月10日起义后，罗伯斯庇尔被推选为革命领导人。他坚决主张处死国王路易十六，抗击外来干涉的普鲁士和奥地利联军，还主张严格限制物价，稳定社会形势，普及教育，为广大群众敞开学校的大门，都符合当时的民心。

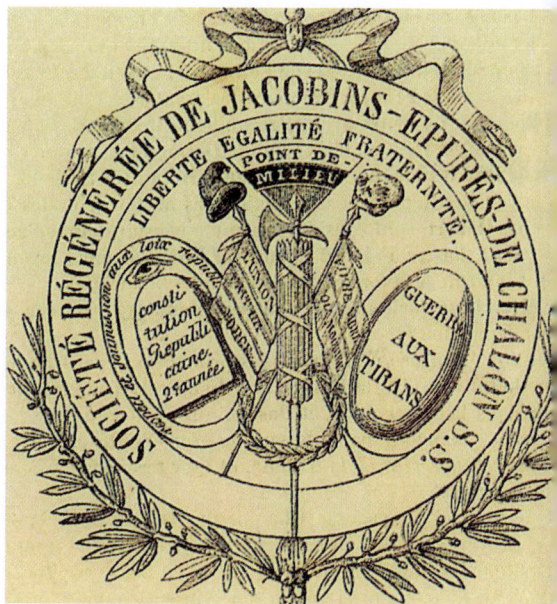

法国大革命时期，雅各宾派的徽章。（文化传播/FOTOE）

丹东也是一个律师。1789年7月14日，攻打巴士底监狱的前夜，他发表了热情洋溢的战前动员报告，号召人民拿起武器进行斗争。

1792年8月10日起义后，普鲁士和奥地利联军侵入法国，企图进行干涉。丹东号召保卫巴黎，反对逃跑。为了表示自己的态度，在许多人慌张逃出巴黎的时候，他还把年过七十的老母接到巴黎，表示愿和巴黎共存亡。没过多久，普奥联军攻破了巴黎的大门凡尔登防线，巴黎危在旦夕，他又发表了一次著名的演讲，对周围的群众大声疾呼："警钟已经敲响。这不是报警的信号，而是我们向敌人发起冲锋的号角。为了战胜敌人，必须勇敢勇敢再勇敢！"在他的激情鼓动下，革命群众以非凡勇气，终于打退了敌人的猖狂进攻，保卫了革命的巴黎。

马拉原来是一位医学家和物理学家。早在1774年，他就出版了一本《奴隶制的锁链》，抨击君主制度，提出武装革命和革命专政的思想。1789年大革命期间，他创办了《人民之友》报，为革命大声呐喊，也是一个意志坚定的革命者。

看起来这三个人对革命都很坚定，应该好好合作呀。

唉，想不到的事情发生了。1793年7月，马拉被反动的保王党暗杀了，只剩下丹东和罗伯斯庇尔。没过多久，丹东被罗伯斯庇尔逮捕，经过缺席审判，被判处死刑。

人们震惊了，罗伯斯庇尔为什么要杀害丹东，为什么不让他在法庭上自我辩护一句，就立刻宣布死刑？

这是因为丹东和罗伯斯庇尔在许多问题上的看法渐渐产生了一些分歧。罗伯斯庇尔是激进的革命派，对待各种问题，认为不是白就是黑，没有半点调和的余地。丹东却是温和派，认识保持了理智，处理问题的方法当然也就有些不同。在那斗争异常尖锐激烈的革命岁月里，两人当然不免会在许多问题上发生碰撞。在一片争吵中，有人指责丹东脚踏两只船，是混进革命队伍的投机分子。不管这是不是真的，在那火热的斗争岁月里，这可是吓死人的大帽子呀！曾经活跃在革命斗争第一线的丹东，就这样不明不白被清洗了。

说到这里，人们不禁会问：为什么罗伯斯庇尔不深入调查一下，就这样匆匆忙忙处死昔日的亲密战友丹东呢？

唉，这是那

雕版画：1794年4月，丹东及其朋友在革命军事法庭上。图中右端审判席上站立者为丹东，其时他愤怒地指着他的审判官。丹东（1759—1794）法国资产阶级革命家，法国大革命时期雅各宾派领袖。（文化传播/FOTOE）

《马拉之死》，法国古典主义画家雅克·路易·大卫绘。这是法国国民议会委托大卫为马拉所作的油画。马拉是物理学家、医药博士，是法国大革命时期雅各宾派的领导人之一。1793 年 7 月 13 日，马拉在家中浴盆中被与吉伦特派有勾结的女保皇分子夏洛特·科黛刺杀身亡。（Jacques-Louis David/FOTOE）

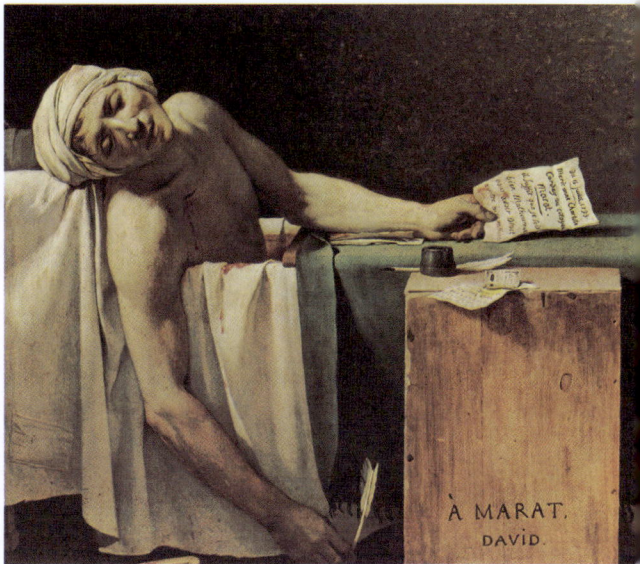

非常时期里的一种非常手法吧。

那时候，罗伯斯庇尔担任雅各宾派政权的公安委员会的领导，以政治嗅觉特别灵敏、行动特别果断、手段特别无情而闻名。马拉被暗杀后，罗伯斯庇尔改组革命法庭，简化了审判程序，实行雅各宾派专政，以革命恐怖政策惩罚罪犯和叛徒，平定了一些反革命叛乱，对保卫革命政权，推动革命继续发展有很大的功劳。但是由于法律手续不完备，许多无辜者都被诬告为"反革命嫌疑犯"，成批成批送上断头台，缺乏人道主义精神。人们把他称为"恐怖的罗伯斯庇尔"，一点儿也不过分。

丹东之死引发了沉思。人们对罗伯斯庇尔渐渐失去了信心，雅各宾派专政的社会基础渐渐动摇了。1794 年 7 月 27 日，也就是当时法国共和历的热月 9 日，一些心怀不满的人，在隐藏的反革命分子的煽动下，趁着召开一次会议的机会，突然逮捕了罗伯斯庇尔，也不经过审判就匆匆忙忙将他送上断头台。这个反革命事件，历史上叫作"热月政变"，是 18 世纪法国大革命的一股逆流。

罗伯斯庇尔的死，标志着革命的挫折和反革命势力的抬头。可是为什么造成这个局面，断送了大好的革命形势，也值得人们好好深思，认真总结经验教训呢。

想一想

雅各宾派失败有什么深刻教训？

他曾经和保皇派誓不两立，
摇身一变自己当了皇帝

"雾月政变"是是非非

拿破仑，叱咤风云的大霸王。听着他的名字，欧洲曾经吓得发抖。

拿破仑，一个从小小士官生起家的天才统帅。他剑锋所指的地方，强敌常常望风而逃。

拿破仑这个名字有着什么含义？是"荒野雄狮"的意思。这个名字对他来说，真再恰当不过了，事实证明他真的是一头威风凛凛的"雄狮"啊！

他是怎么一步步攀上巅峰的？有一段曲折的历程。

拿破仑·波拿巴，1769年出生在地中海上偏僻的科西嘉岛，他的家族含有意大利血统，是一个破落贵族。他出生那一年，这个孤悬海外的岛屿才被划进法国的版图。对于居住在法国心脏的巴黎市民来说，他简直是一个不折不扣的"乡巴佬"。他也总是认为自己不是真正的法国人，梦想有朝一日科西嘉能够脱离法国获得独立。有趣的是，科西嘉没有摆脱法兰西，法兰西反而摆脱不了他。更加让人想不到的是，正是这样一个拿破仑，后来竟在万众欢呼声中，骑着白马大踏步走过巴黎凯旋门，成为法兰西的大皇帝，指挥法国军队几乎征服了整个欧洲。

是啊，拿破仑的一生是一个传奇。这一切，要从他的少年时代说起。

少年拿破仑15岁时就进入了巴黎军官学校。别看他年纪小，这却成为他毕生事业的起点。那时候，他还只不过是一个小小的士官生。

小知识

法兰西第一共和国 法国历史上第一个资产阶级共和国。1789年大革命后，于1792年9月成立，历经雅各宾专政、"热月政变"、督政府、执政府阶段，1804年结束。

他从军官学校毕业后，成为一名炮兵少尉，正好遇着法国大革命的动荡年代。俗话说，时势造英雄。在这个关键时刻，每个人都必须选择自己的位置。由于他有天生的叛逆性格，对国王政权不满，自然站到革命派一边。

1793 年，保皇派在英国的支持下，占领了地中海滨的重要军港土伦，把它作为反革命的顽固堡垒。这一年，拿破仑刚刚 24 岁，正是血

法国"拿破仑"金币，面值 20 法郎。（文化传播 /FOTOE）

气方刚的时候，就带领一支炮兵部队去进攻这个防御非常严密的港口。他指挥手下的士兵，瞄准了开炮射击，居然击毁了敌方的工事，打得敌人晕头转向，一口气攻下了这个戒备森严的堡垒，受到人们注意，很快就得到雅各宾派的赏识，被提拔起来重用，一下子就破格从少尉升为准将，真是平步青云呀。

1794 年"热月政变"后，拿破仑因为和罗伯斯庇尔的关系受到审查，后来因为拒绝到外地的步兵部队服役，被免去了准将军衔。这一次打击，又把他打回原来的起点。

拿破仑就这样被打垮了吗？才没有呢。

转眼到了 1795 年，在"热月政变"后组建的督政府执政期间，欧洲反动势力组成了反法同盟，法国国内的保皇派也趁机发动武装叛乱。军中无人的时刻，督政官巴拉斯当机立断，请拿破仑重新出山，很快就粉碎了这场叛乱。在那人才难得的多难之秋，拿破仑立刻被提拔为陆军中将兼巴黎卫戍司令，身份一下子显赫起来了。这时候的拿破仑，可不是刚从科西嘉来的那个外省"乡巴佬"，也不是初出茅庐的士官生了。

1796 年，拿破仑被任命为法国驻意大利军团司令，手中握着兵权，成为举足轻重的大人物了。这时候，不甘心失败的保皇派又在国内蠢蠢

欲动，准备推翻督政府。拿破仑听见消息，立刻派兵回来，清除了这些妄想变天的反动分子。国内安定了，他转过身子对付外面的敌人，提出一个以主动进攻代替被动挨打的计划，先扫除意大利境内的反对势力，再挨着个儿收拾反对法国的其他国家，建立一个以法国为中心的欧洲新秩序。得到批准后，他就积极行动了。

俗话说，胜负乃兵家常事。拿破仑也是一样的。他翻越阿尔卑斯山，打败奥地利和萨丁的第一次反法联军，取得一场胜利。但是他远征埃及，企图根除英国在地中海的势力，却输在英国海军上将纳尔逊手下，吃了一个大败仗。

在这个节骨眼儿上，法国国内又出乱子了。督政府内部也混进了反动分子，一场新的叛乱随时可能爆发。正在国外的拿破仑顾不上外面的战事，抛下远征军连夜赶回来。

1799 年 10 月，当他回到巴黎的时候，被人们当成"救星"，受到热烈欢迎。那一天，晴空万里，骄阳似火。人们拥挤在大道两旁，为了看清楚他，纷纷用手掌遮住太阳，好像敬礼一样。从那一天开始，世界上就把举手在额边作为统一的军礼了。

在一些社会力量的支持下，拿破仑采取了果断行动，取消态度暧昧、腐败无能的督政府，成立了一个执政府，由三个执政组成。他自己担任第一执政，掌握一切军政大权，开始了独裁统治。这是发生在法国共和历雾月18日的事情，所以叫作"雾月政变"。

拿破仑上台后，严厉镇压保皇派，稳定了社会秩序，立刻转过身子对付外部敌人。第二年击败咄咄逼人的奥地利干涉军，法军前锋进入奥地利境内，逼迫奥地利皇帝低头签订和约，粉碎了第一次反法同盟。1802年，法国又打垮以"欧洲宪兵"自居、以俄国为首的第二次反法同盟的多国部队，彻底解除了外部世界对法国的威胁。

他陶醉了，野心也冒出来了。1804年12月2日，拿破仑自己导演了一场隆重的加冕典礼，在巴黎圣母院大教堂，登上了皇帝宝座，称为拿破仑一世。

唉，拿破仑，岂不是一个从进步走向反面、从革命军官走向帝王的活

《拿破仑一世与约瑟芬皇后加冕礼》局部。法国古典主义画家雅克·路易·大卫绘。卢浮宫博物馆藏。作品描绘1804年12月2日，在法国巴黎圣母院举行的拿破仑加冕仪式结束，拿破仑为皇后约瑟芬加冕盛况。（区进提供/FOTOE）

标本？这是失去约束的权力必然缔结的一朵恶之花。不管他后来怎么维护大革命的一些果实，总是一个高高在上、和人民保持距离的皇帝。身份的转变，就决定了一个人的本质。

拿破仑当了皇帝后，为了进一步巩固社会秩序，政变的当天晚上就下令起草一部《法国民法典》。其中许多条款，经过拿破仑本人亲自参加讨论确定，保证私有财产不受侵犯，农民拥有自己的小块土地，基本上采纳了法国大革命初期提出的一些比较理性的原则，1807 年改名叫作《拿破仑法典》。后来的无产阶级革命导师也曾经评价，这是"典型的资产阶级社会的法典"，对当时社会也起了一些积极的作用。这部法典对法国的现行法律，以及欧洲一些国家立法都有重要影响。同时，拿破仑还实行了政治、经济、教育、司法等方面的许多改革。

政变结束三周后，拿破仑向人民发布了一个公告，自豪地宣称："公民们，大革命已经回到它当初借以发端的原则，大革命已经结束。"

是的，拿破仑这个宣言没有说错。他的确狠狠打击了梦想复辟旧王朝的保皇派，保留了 1789 年开始的法国资产阶级革命的一些果实，扭转了当时法国国内的混乱局面，起了一些积极作用。

是的，拿破仑的确是 19 世纪初期欧洲资产阶级的代理人，击溃了封建主义联盟，推动了资本主义发展，是横扫欧洲封建势力的铁扫帚。

经过革命浴血斗争建立的法兰西第一共和国降下了帷幕，法兰西第一帝国粉墨登场，从此把法国引入一个新的历史阶段，有辉煌，也有衰落。这是好事，还是坏事呢？

想一想

? **拿破仑从革命者变成皇帝，有什么值得注意的教训？**

他曾是一世之雄，变成一只大狗熊

拿破仑入侵俄国

从 1789 年法国资产阶级革命开始，欧洲各封建王朝的君主，就把法国当作眼中钉，发誓非拔掉它不可。法国国内的封建主义复辟势力，被革命的雅各宾派和后来的拿破仑狠狠打击，没有取胜的可能。外部反动派就联合起来，开始对法国进行一次次干涉。法国人别无选择，只有挺身应战，在拿破仑的带领下，粉碎了两次反法同盟。

拿破仑登上皇帝宝座后，又在 1805 年粉碎了俄国、普鲁士、奥地利的第三次反法同盟，1806 年又打垮不甘心失败的以俄国、普鲁士为主的第四次反法同盟，打得普鲁士乖乖投降。1807 年，拿破仑又强迫最顽固的封建主义捍卫者俄国订立条约，承认法国在欧洲的领导地位，狠狠打击了封建主义势力。

拿破仑的名字，为什么和"常胜将军"画上了等号？

首先，他是一位了不起的军事家，战略思想十分正确。面对气势汹汹拼凑起来的各国联军，抓住他们之间的利益矛盾关系、行动步调不统一的死穴，坚决采取集中全力速战速决，首先打击为首者，再来一个时间差，各个击破的办法，往往一战就能瓦解敌人的阵线，收到强烈的震撼作用。

其次，他的战术运用也非常成功。他是炮兵出身，善于集中火炮的威力，使用排炮轰击开路，加上快速骑兵集团冲锋配合作战，远远胜过欧洲各国陈腐落后的方阵战法。人们

小知识

半岛战争　1808 至 1814 年，拿破仑为征服伊比利亚半岛，和英国、西班牙、葡萄牙进行的战争。起初法国占领大片土地，迫使西班牙国王退位，葡萄牙国王逃跑。拿破仑退位后，法国战败。

说，一个法国兵斗不过一个普鲁士兵或俄国兵，可是三个法国兵，却能轻而易举战胜十个凶悍的敌人，充分说明拿破仑重视战斗的集体作用，士兵都经过严格的战术训练。

更加重要的是法国士兵经过了革命的考验，明白自己捍卫什么，面对的是什么敌人；一旦失败，将会造成什么后果。所以一个个勇气百倍，在战场上像雄狮一样势不可当。

啊，那时候的拿破仑真是八面威风，谁见谁怕呀！

这就完全胜利了吗？

不，拿破仑心里明白，不彻底打垮俄国，摧毁欧洲这个封建主义最后的顽固堡垒，永远不能算最后胜利。经过一番详细策划，他下定了征伐俄国的决心。这对他来说，也许是理所当然的事情。可是从道理上来讲，却无论如何也是侵略行为。

1812 年 5 月，正是中欧天气凉爽的季节。拿破仑在占领的德意志的德累斯顿检阅了自己的精锐部队，在一片"皇帝万岁！法兰西万岁"欢呼声中，立刻下令出发。法军渡过涅曼河，进入俄国境内，向俄国突然发动大规模进攻。由于俄国准备不够，法军一路所向披靡，占领了一座座重要城市，一直朝向俄国腹地深处进军。俄军节节败退，引起全国上下不安，怎样才能阻止法军锐利的攻势呢？

三个月后，俄皇亚历山大起用库图佐夫担任全军总司令。老谋深算的库图佐夫知道法军攻势正旺盛，硬拼是不行的，便采用坚壁清野的焦土策略。

什么是坚壁清野？就是在不停进攻的法军面前作战略撤退，销毁一切可能给敌人利用的资源。到处都是空空的，没有人烟，没有住处，连一粒粮食也不留下来。敌人占领的地方越多，战线拉得越长，兵力也就越分散。俄军就可以瞅一个空子，狠狠打击他们了。说白了，就是利用广阔的空间，换取宝贵的时间，最后捏紧拳头彻底消灭入侵的敌人。

又过了一个月，库图佐夫终于等来了第一个机会。

当法军占领莫斯科西边的斯摩棱斯克后，由于沿途留下的部队太多，

1812 年，博罗季诺战役。俄法两军于 1812 年 9 月 7 日开始在莫斯科以西博罗季诺村附近进行的一次重大会战。俄军统帅库图佐夫在此役中粉碎了拿破仑的进攻企图，用消耗战法为俄军转入反攻创造了条件，成为世界战争史上的著名战役之一。(文化传播/FOTOE)

已经失去数量上的优势了。库图佐夫就选定了博罗季诺村作为与敌人会战的地方。9 月 7 日清晨,战斗开始了,双方都投入了全部主力,各有十多万人、几百门炮，经过一番激战，双方损失都很惨重。为了保存实力，库图佐夫只好主动撤退，把尸横遍野的战场留给拿破仑。

库图佐夫真的就这样被打败了吗?

不，这只是一次试探性的交手，好戏还在后面呢。

他还在耐心等待另一个最厉害的"盟友"，那就是严寒的冬天。对于不习惯这儿的自然环境的外来者来说，俄罗斯的冬天非常可怕。到了那个时候，缺吃少穿的入侵者可就有好看的了。

七天后，拿破仑如愿以偿兵临莫斯科城下。这里没有预料中的激烈抵抗，法军不费吹灰之力就开进了城。可是拿破仑一看，想不到竟是一座空城，连人影子也看不见一个。他觉得有些不妙了，气得放了一把火烧毁了全城，整整烧了三天三夜。

他知道自己中计了。占领这座空城有什么意义?留在这里夜长梦多，不知库图佐夫还会使出什么诡计，也担心离开法国太久，国内会出事情，便想法和俄国谈判，签订一个和约体面地撤退回国算了。不料俄国不买他的账，连回答也不屑说一句。眼看天气一天天冷起来，后方补给越来越困难，士气也受到很大的影响。拿破仑无法可想，只好下令撤退。

库图佐夫等待的正是这个机会。当法军往回撤退的时候，埋伏在周围的俄军开始沿途袭击。其中马洛雅罗斯拉韦茨一战，双方反复冲杀了八次，士气大振的俄军，终于打破了法军不可战胜的神话，把他们彻底打垮了。

往后的事情正如库图佐夫所料，寒冷的冬天到来，加上俄军乘胜追击，狼狈撤退的法军越来越悲惨。拿破仑最后退出俄国的时候，原来的 60 万大军，只剩下 2 万多残兵败将了，回到法国又少了一半。

俄国没有放过他，联合了英国、普鲁士、奥地利，组成了第六次反

米哈伊尔·库图佐夫（1745—1813），俄国元帅、军事家和军事理论家。（文化传播／FOTOE）

法同盟。双方在德意志境内打了好几仗。虽然法军人数大大减少，却在拿破仑指挥下，取得了好几次胜利。可惜最后在莱比锡一战，法军大败，反法联军乘胜追击。原来归顺拿破仑的一些附庸国也纷纷宣告独立，拿破仑的日子越来越不好过了。1814 年 3 月 31 日，反法联军开进巴黎，要求法国无条件投降，拿破仑退位，扶持已经失去天堂的波旁王朝复辟。拿破仑没有办法，只好答应了所有的苛刻要求，被流放到地中海上的厄尔巴岛去了。

呜，"常胜将军"变成了"败将军"，这个摔跟头的教训，也该深刻反省呢。

想一想

库图佐夫用什么办法打败了拿破仑？

受伤的狮子出笼了，不幸又被别人抓住

阴差阳错的滑铁卢之战

　　拿破仑被囚禁在厄尔巴岛，就老老实实待在那儿了吗？

　　不，他是一头关在铁笼子里的狮子，只要有机会就会钻出来，重新奔向自由的天地。

　　机会终于来了！一些忠实的部下没有忘记他。1915年2月26日，他们终于帮助拿破仑逃出了这个海上囚笼。3月1日，拿破仑带领1000多人、几门大炮，分乘几艘船在法国南部胜利登陆。

　　反法联军侵入法国，摆出占领者的架子，使经过大革命洗礼的法兰西受到屈辱。老百姓十分怀念拿破仑，念念不忘从前扬眉吐气的日子，听说他回来了，真是喜出望外，纷纷夹道欢迎，高声呼喊万岁。跟随拿破仑的人马越来越多，没有经过一丁点儿阻拦。他在3月20日回到巴黎。

　　要说完全没有阻挡也不真实。新上台的波旁王朝路

19世纪法国油画：1815年2月，拿破仑从厄尔巴岛回到法国时受到旧部的欢迎。（文化传播/FOTOE）

易十八国王听说他回来了，心里非常害怕，连忙派遣部队前往阻击。双方在一个小村相遇，都端起枪准备打一仗。在这个关键时刻，拿破仑十分果断地跳下马，按住身边士兵的枪，大踏步朝对方走去，对他们说："士兵们，你们不认识自己的皇帝了吗？谁要打，就朝我开枪吧。"

波旁王朝的士兵看清楚了，的确是拿破仑本人，立刻放下枪高呼万岁，掉转身子跟随他一起向巴黎进军。路易十八没有戏唱了，只好慌里慌张地逃跑。拿破仑重新掌握了政权。

拿破仑重返巴黎的消息，好像一颗重磅炸弹震动了欧洲。以英国为首的许多国家匆匆忙忙组成了第七次反法同盟，出兵进行干涉。拿破仑敏锐地看清形势，迅速组织部队抵抗，打算采取各个击破的办法，在远道而来的俄国、奥地利大军没有赶到以前，先快刀斩乱麻打垮英国和普鲁士部队。毫无疑问，这是一个十分正确的战略方针。可是这样一来，他也来不及调动远处的部队。拿破仑手下好几个最得力的战将，包括缪拉、达乌、马塞纳等，都在遥远的国外驻地，不能及时赶回来，大大影响了当时法军的战斗力。出于兵贵神速的原则，拿破仑也顾不上这么多了，指挥着匆匆忙忙集合起来的几万人就向前线出发。另外几万人由格鲁希元帅带领，作为第二梯队从后面赶来增援。

1815 年 6 月 17 日，双方在比利时境内的滑铁卢相遇。对方是威灵顿统率的英军，人

1814 年，战场上的威灵顿公爵与英国轻骑兵。威灵顿公爵，英军统帅，滑铁卢战役的胜利者，出生于都柏林的韦尔斯利家族。（文化传播/FOTOE）

滑铁卢战役。1815 年 6 月 18 日，拿破仑指挥法军追击威灵顿率领的联军。法军在比利时滑铁卢与英军和普鲁士及俄军交战，法军大败。（文化传播 /FOTOE）

数和法军差不多，双方实力旗鼓相当。谁能把握机会，谁就能取得胜利。

在此以前，拿破仑正确地派遣内伊元帅占领布鲁塞尔，阻挡落后一步的普鲁士军团。后来在双方激烈争夺时，拿破仑又命令内伊麾下的戴尔隆军团由弗拉斯内向普军侧面包抄夹击，同时也实现对英军的包围。可惜由于他们行动迟缓、犹豫不决，戴尔隆又错误理解命令，行进方向偏移，贻误了战机。

唉，一着棋下错，全盘皆输。

滑铁卢的战斗打响了，却不是按照拿破仑预想的那样发展。

在这场决战的头一天，两军刚一接触，英军前锋就被打垮了。拿破仑指挥快速骑兵，挥舞着马刀，毫不客气紧紧追杀。想不到老天爷似乎有意和拿破仑过不去，突然下了一场瓢泼大雨。原野上转眼就一片泥泞，法国骑兵不得不勒住缰绳停止追赶，狼狈逃窜的英军侥幸逃得了性命。

6 月 18 日早上，大雨还没有停，妨碍了拿破仑的拿手好戏——使用炮兵和骑兵联合作战的机动战术发动进攻。战斗磨磨蹭蹭的，一直拖到中午才开始。惊魂未定的英军得到了必要的喘息机会，死守在滑铁卢村后的

百日王朝 拿破仑第二次统治法国的时期。从 1815 年 3 月 20 日重返巴黎，到 6 月 22 日再次被迫退位，大约 100 天左右。

一个高地上，做好了迎击拿破仑的准备。

这时候，雨已经完全停了。拿破仑跨上战马，发出进攻的命令。随着炮兵一阵猛烈轰击，排山倒海的法国骑兵越过还有些泥泞的原野冲杀过去。英军不敢出击，躲在工事后面，使用密集的炮火顽强抵抗，挡住了法国骑兵的第一波进攻。双方谁也不能打垮谁，只能继续浴血苦战，战场上横七竖八躺满了死伤的士兵和战马。

天色渐渐暗淡，黄昏时分到了。英军眼看已经抵挡不住了，正在绝望的时候，想不到援军忽然赶到了，顿时士气大振。拿破仑眼巴巴盼着，格鲁希元帅的援军还没有影子。胜利的天平开始朝向英军倾斜了。

这个该死的格鲁希，眼前在什么地方？平素行动机敏、作风泼辣的内伊，也没有完成拿破仑的命令，阻挡住对方的援军。这才酿成了这场大祸。

在这个决定胜败存亡的关键时刻，拿破仑已经丧失了所有的炮队，手下的骑兵和步兵也七零八落，伤亡十分惨重。眼看法军再也没有能力抵抗了，拿破仑只好挥泪从滑铁卢战场败走。

这时候，几十万奥地利生力军也逼近法国边境，另外几十万俄国军队正从后面赶来。形势发生了逆转，拿破仑失去了最后的机会。

拿破仑完全绝望了，不得不再一次宣布退位，被押送到遥远的大西洋中心的圣赫勒拿岛上，直到最后死亡。

唉，滑铁卢呀，如果所有的一切都像拿破仑预想的一样，后果会怎么样呢？拿破仑无愧是伟大的军事天才，难怪革命导师恩格斯也曾称赞他"甚至在遭到失败的进军中，也是一位伟大的统帅"。

想一想

拿破仑是怎么在滑铁卢战败的？

法国皇帝想称霸，被"铁血宰相"耍了一把

《最后一课》背后的 普法战争

喂，朋友，你读过《最后一课》吗？

那是法国作家都德写的一篇短篇小说。普法战争后，战败的法国不得不把矿产丰富的阿尔萨斯和洛林割让给普鲁士。在即将脱离祖国的时刻，这儿的一个乡村小学里，挤满了学生和村里的成年人，专心致志地听法语老师给他们上最后一次法语课。

为什么是最后一次呢？因为第二天德语老师就要来了，他们再也没有机会学习祖国的语言了。所有的人都静静地听课，教室里没有一丁点儿声音，安静得可以听见自己的心跳。许多孩子非常后悔，为什么从前那样顽皮，不好好学习法语。成年人也非常后悔，为什么这一辈子没有想过，应该到这儿来听一堂课？现

拿破仑三世（1808—1873）的半身雕像，周围环绕着桂冠花环，踞于帝国之鹰上。花环上的字样是拿破仑后期获胜战役的名字。（文化传播/FOTOE）

小知识

俾斯麦 普鲁士王国和德意志帝国宰相，提出说空话没有用，只有铁和血才能解决问题，所以被称为"铁血宰相"。

在已经晚了，只有这最后一课了，多么珍贵呀！

他们的法语老师走上讲台，认真讲完了这一课。最后他含着眼泪，在黑板上写了几个大字："法兰西万岁！"

他已经声音哽咽，再也说不出一句话了。

这篇小说多么动人啊。读过这篇作品的读者，都想知道普法战争是怎么一回事。

说起来，这场战争是法国先动手，却又是普鲁士挑动的。

咦，这是怎么一回事，难道普鲁士会傻乎乎地有些欠揍，要找别人揍自己一顿，才觉得舒服吗？

事情正是这样的。

拿破仑失败后，波旁王朝重新统治了法国，但其倒行逆施激起民众反抗，被七月王朝取代。而七月王朝好景不长，1848年，法国发生了二月革命，推翻了七月王朝，建立了法兰西第二共和国，拿破仑的侄子路易·波拿巴当选为总统，但他在1852年废除共和制，建立了法兰西第二帝国。

路易·波拿巴梦想着恢复法兰西帝国的荣光，称霸欧洲。他最大的绊脚石就是面前的普鲁士，普鲁士是德意志境内最强大的邦国，立志于统一整个德意志。可是路易·波拿巴不愿意瞧见德意志统一，有心要和普鲁士打一架，趁势夺取莱茵河西岸的德意志领土，扩大自己东部的边疆。

普鲁士这边呢？雄心勃勃的威廉一世国王刚刚上台，在铁血宰相俾斯麦的辅佐下，也想通过武力打败法国，实现德意志统一，夺取法国矿产丰富的阿尔萨斯和洛林，在欧洲称霸。所以双方早就摩拳擦掌，准备大打一场，问题只是谁先动手罢了。

要打仗，总得有理由呀。

要找理由还不容易么？恰巧1868年西班牙爆发了革命，推翻了女王的统治，王位空着没有人。俾斯麦趁机收买西班牙有势力的人物，准备把

1870年9月2日，法国在色当战役中失败，拿破仑三世向普鲁士的威廉一世投降。（文化传播／FOTOE）

威廉一世的堂弟塞过去，继承西班牙的王位。

一个普鲁士人怎么能当西班牙国王呢？

俾斯麦挖空心思，居然找到一条理由。原来这位普鲁士亲王是西班牙国王的女婿。女婿等于半个儿子，有什么不可以？想不到的是，西班牙新议会居然接受了这个建议，让法国吓了一跳。如果这真的兑现了，西班牙岂不成为普鲁士的盟友，在法国背后插上了一刀？法国立刻气得跳起来，向普鲁士提出抗议。站在旁边看热闹的英国、奥地利和俄国，担心普鲁士强大起来对自己不利，也站在法国一边坚决反对。普鲁士没有办法，只好宣布放弃对西班牙王位的要求。

这就算了吗？

不，法国皇帝波拿巴和普鲁士宰相俾斯麦，本来都想找碴打一仗。聪明的俾斯麦不想先动手，背上一个发动战争的恶名，就把普鲁士国王给自己的一封信改了一下，加进几句侮辱法国的话。他认为这封信好像一块"红色的破布",将会使"高卢牛"气得跳起来。法国皇帝波拿巴果然中了计,在1870年抢先对普鲁士宣战。

哈哈!一切都在俾斯麦的算计中。既然法国先动了手,普鲁士就奉陪到底。

战争开始后,法国皇帝波拿巴好像旅游似的,带着太子和一大帮随从,得意扬扬亲临前线观战,留下皇后欧仁妮在首都巴黎坐镇。

他以为一举成功,就能跨过莱茵河,实现自己的目的了。不料普鲁士在著名军事家老毛奇将军的指挥下,把各路法军打得大败。特别是色当决战中,普鲁士使用了克虏伯兵工厂制造、射程达到3.5千米的新式大炮,对准法军一阵猛烈轰击,打得包围圈里的法军想躲没有地方躲,想跑没有地方跑,只好举起白旗投降了。

一开始意气风发的法国皇帝波拿巴,也像倒了威风的公鸡,连同8万多法军,乖乖地当了俘虏。

这场战争结束了,普鲁士声威大振,如愿以偿统一了整个德意志,成为欧洲的新霸主。普鲁士王国改名叫作德意志帝国,揭开了德国历史的新篇章。

法国皇帝波拿巴不但没有达到目的,吞并德国莱茵河以西的土地,反倒被愤怒的人民推翻。法兰西第三共和国成立,从此结束了法国历史上王朝统治的时代。

然而,法国不得不忍气吞声答应德国的要求,割让阿尔萨斯和洛林,就有了文中《最后一课》的那一幕。

想一想

你知道《最后一课》发生的历史背景吗?

向你敬礼！捍卫人类第一个无产阶级政权的战士

巴黎公社起义

1871 年，普法战争结束的时候，德国军队大摇大摆开进巴黎，担任临时国防政府的头领梯也尔，不顾国家民族利益，低头签订了屈辱的停战协定。

他这样做，还有一个隐秘的原因。因为当时群众有一肚子的气，还有一支十分强大的革命武装。他坐在火山口上，一场革命风暴随时都可能掀起。

原来，在一次次起义斗争过程中，革命群众清楚认识到，自己没有武装可不行，就利用当时的政府允许建立国民自卫队的法令，建立起一支人民武装力量。仅仅在巴黎，爱国热情高涨的工人群众就在短短三个星期里，组成了194 个工人营队，推选一批有觉悟的革命者担任头领，还成立了士兵代表委员会，组成了一支以工人为主体的国民自卫军。

梯也尔害怕的就是这回事，所以才向德国敞开大门，企图让德国军队开进巴黎，借用敌人的手来镇压人民革命。

他和德国签订和约，解除了后顾之忧，

漫画：1871 年，屠杀巴黎公社的刽子手——法国总统梯也尔。路易·阿道夫·梯也尔（1797—1877），法国政治家，法兰西第三共和国总统（1871—1873），历史学家。七月革命爆发时带头起草《宪章》反对政府权威。法国在普法战争中失败后，梯也尔为国防政府奔走乞和，对德签订丧权辱国条约，对内镇压巴黎公社革命。（文化传播/FOTOE）

就腾出手来全力对付革命群众了。他调动了2万多政府军开进巴黎，准备夺取国民自卫军的大炮，逮捕革命领导人。3月18日，天还没有亮，政府军发动突然袭击，抢占了国民自卫军的炮兵阵地。枪声惊醒了睡梦中的老百姓，消息立刻传播开来，国民自卫军战士紧急集合，老百姓也跟着起来，好像一股不可阻挡的浪潮，拥向出事的地点。队伍里不仅有紧握武器的国民自卫军战士，还有许多老人、妇女、儿童，表现出全民的愤慨。

战斗中，一些政府军士兵也掉转枪口，和人民群众站在一边，逮捕了反动军官，参加进起义的洪流。战斗持续到夜色升起，起义的队伍已经横扫了整个巴黎，冲进顽固势力最后的堡垒——市政厅，赶跑反动头子梯也尔，升起一面鲜艳的红旗，获得了最后胜利。

下一步怎么办？革命的工人群众认识到，只有推翻资产阶级政权，建立起自己的政权才行。

3月28日，在万众欢呼声中，巴黎公社正式建立，代替了原来的政权。

巴黎公社成立后，发布第一条命令，取消原来的军队，用革命的国民自卫军代替；接着成立10个革命委员会，代替原来的各个政府部门。一个崭新的人民革命政权出现在历史舞台上，揭开了人类历史新的一页。

话虽然这样说，这时候局势却还没有完全安定。反动

1871年3月18日，法国巴黎公社建立时即发生冲突，这是一场由巴黎工人和其他劳动人民为反抗资产阶级"国防政府"而举行的武装起义，它是世界历史上第一个无产阶级专政的政权。（文化传播/FOTOE）

头子梯也尔并没有跑多远，只逃到巴黎郊外 18 千米处的凡尔赛，重新聚集起力量，妄想反扑过来，扼杀新生的革命政权。但是只靠手下的残兵败将不行，他还要寻求别的力量帮助才行。

为了达到这个罪恶的目的，他竟向国家民族的敌人，当时还盘踞在法国领土上的德国军队求援。反动派都穿一条裤子，无产阶级的巴黎公社出现，对德国也是威胁。德国宰相俾斯麦立刻答应了梯也尔的要求，把在色当战役中被俘的 10 多万法军重新武装起来，敞开德国军队的防线，让这些法军通过，从背后猛扑革命的巴黎；旁边的德国大军虎视眈眈，形成了对巴黎的包围圈。形势对革命人民非常不利。

在此以前，梯也尔的军队已经先发动了进攻。4 月 2 日清晨，凡尔赛军炮轰巴黎，揭开了反扑的序幕。由于新生的巴黎公社麻痹大意，被他们一下子攻占了前沿阵地。炮声震醒了巴黎，革命群众重新拿起武器，巴黎公社决定展开反攻。可是法军俘虏组成的那支队伍，通过德军的防线，从背后杀来了。巴黎腹背受敌，加上各支队伍指挥不统一，一下子转为被动，只好退缩进城，凭着熟悉的城市环境进行反抗。

战斗打了一个多月。5 月 20 日，梯也尔调动好部队，对巴黎发动总攻。几百门大炮一齐发射，骑兵和步兵从不同方向冲锋。巴黎公社力量薄弱，同时要对付不同方向的进攻，显得有些力不从心，只好一步步退进城市中心，利用匆忙修筑的街垒进行抵抗。常常只有几十个公社战士，握着简陋的武器，抵抗几倍甚至几十倍武装到牙齿的反动军队。一炮轰来，砖块和木屑乱飞，一个个忠诚的公社战士倒下去。在惨烈的街垒争夺战中，不知多少公社战士光荣

小知识

《国际歌》 这是巴黎公社战士、诗人欧仁·鲍狄埃在公社失败后的第二天写的诗篇。1888 年 6 月 16 日，一个工人作曲家比尔·狄盖特把它谱写成歌曲，是世界无产阶级不朽的战歌。

巴黎公社 曾经两次建立。第一次出现在 1792 年，是 18 世纪法国大革命期间巴黎的城市自治机构；第二次建立于 1871 年，是法国无产阶级在巴黎建立的工人革命政府。

牺牲。

战斗最激烈的地方是城郊一个高地。谁控制了这里，谁就能控制巴黎。守卫的公社战士只有几百人，敌人却用 2 万多人围攻。炮火不停轰击，把高地上的泥土掀起了一层，成片的公社战士倒下去，只有几个人突围。敌人在这儿抓住几十个平民，命令他们跪下，一个个执行枪决。被俘的人们中，有几个妇女，还有孩子。没有一个人按照敌人的要求下跪，都挺直了身子，面对着敌人黑洞洞的枪口。孩子也在妈妈的带领下，高声呼喊"公社万岁"，一个个慷慨就义。

战斗终于到了最后的时刻。敌人攻占了公社指挥部所在的市政厅，围困住公社战士最后一个阵地拉雪兹神父墓地。5000 个凶神恶煞的敌人，对付 200 个公社战士，战斗异常激烈。最后敌人使用大炮轰开墓地大门，像潮水般涌进来，端起刺刀直往里冲。公社战士沉住气，用墓碑作掩护，和敌人展开最后的搏斗。一些身负重伤的战士也握紧武器，宁愿死也不退缩。这场力量悬殊的战斗终于结束了，没有一个公社战士活下来。

到了晚上，敌人又把 1200 多个被俘的公社社员押解到这里，排在一堵围墙面前集体枪杀。临死的公社社员毫不畏惧，高声呼喊着"公社万岁"，全部牺牲在墙前。后来巴黎人民在这里竖起一个纪念碑，刻绘着这场大屠杀的浮雕，取名叫作"公社社员墙"。

巴黎公社从 1871 年 3 月 18 日至 5 月 28 日，总共存在了 72 天，虽然在内外反对派勾结下失败了，却是无产阶级推翻资本主义制度的第一次演习，是人类历史上第一个无产阶级专政的政权，为后来的无产阶级革命积累了宝贵的经验，受到后来无产阶级革命导师的高度评价。

巴黎公社的革命精神永不消失，光荣的巴黎公社战士永垂不朽。

想一想

巴黎公社战士是怎么宁死不屈、捍卫无产阶级政权的？

他的灿烂的生命，融进了民族解放斗争

加里波第和"红衫军"

意大利，昔日罗马帝国所在的地方。恺撒大帝只消轻轻一跺脚，就能震动三大洲，吓倒所有的敌人。想不到进入 19 世纪，欧洲列强纷纷崛起，意大利却像一头掉了毛的病狮子，变得奄奄一息，任随别人欺侮宰割。

唉，这真是虎落平阳被犬欺呀！

那时候的意大利四分五裂，分裂成八个小王国。北部被奥地利控制，南部被西班牙占领，中部巴掌大点儿地方归属罗马教皇，只有西边地中海里的撒丁王国，才稍微大些，保持了相对的独立。意大利人民不仅遭受鼠目寸光的封建领主剥削压榨，还遭受外国占领者欺凌，日子很不好过。有志气的男儿，谁不感到痛心，谁不巴望祖国统一，赶走外国统治者。

出生在撒丁王国的朱塞佩·加里波第就是其中一个。他的父亲是一个船长，他也成为一个水手，随船走过大半个欧洲。他眼见祖国沦落到悲惨的地步，早就产生了统一国家的梦想，一心一意要把祖国从奥地利和西班牙

19世纪50年代至60年代，加里波第号召约千人的志愿军（红衫军），攻占意大利南部。（文化传播/FOTOE）

手中解放出来，参加了秘密革命组织"青年意大利党"，寻找机会发动武装斗争。后来他参加了海军，这就有机会了。在军舰上，他悄悄串联了一些爱国水兵，准备组织武装起义，不料走漏了风声，一不小心被奥地利总督查获了，不得不流亡到南美洲避难。

南美洲也有许多意大利人，都时刻关切祖国的命运。当加里波第抵达巴西的时候，受到那里的意大利移民热烈欢迎。加里波第在那里住了十多年，表现出国际主义者的风格，积极投身当地的民族解放运动，参加了巴西南部共和主义者起义、乌拉圭独立战争，熟悉了许多武装斗争知识，受到当地人民尊敬。

请听加里波第在这儿的两个战斗小故事吧。

他在巴西南部独立战争中，指挥一艘以意大利革命家马志尼命名的炮船，出生入死，忘我战斗。在一次恶战中，他仅仅带领 14 名战士，就击退了人数超过自己 10 倍的敌军的猖狂进攻，赢得巨大声誉。

1843 年，阿根廷军队包围了乌拉圭首都蒙得维的亚，扬言要杀光城内所有的居民。为了保卫城市，意大利侨民组织了志愿军团参加战斗。加里波第是这支义勇军的创始人之一。上战场得有军旗和军服呀，加里波第亲自设计了一面黑色军旗，上面绣着喷火的维苏威火山，表明意大利志愿军的身份。因为一时找不到别的制服，他接受了一家肉类加工厂的红色工作服。鲜红的衬衫，配上一条鲜艳的小领巾，"红衫军"的名字就这样传开了。

加里波第虽然身在遥远的天涯海角，却一分钟也没有忘记苦难的祖国，耐心等待着机会返回，投入新的起义斗争。

1847 年，撒丁国王阿尔贝托对奥地利宣战，准备光复被奥地利占领的意大利北部大片领土。加里波第听说消息，立刻不顾一切，从遥远的美洲赶回来，参加这场祖国统一运动，亲自指挥了罗马共和国保卫战。不幸这次运动在外国占领者的干涉下又失败了，他只好再一次逃亡到美洲避难。

1859 年 5 月，意大利第二次独立战争爆发，撒丁得到法国支持，再次对奥地利宣战。加里波第立刻返回意大利，继续参加统一祖国的运动。

1860 年 4 月，意大利南方的西西里岛发生了农民起义，城市平民也积极响应，起义很快就席卷了整个西西里岛。尽管起义被血腥镇压了，但是起义的火焰没有被完全扑灭，许多起义者仍旧英勇坚持着零零星星的游击战。他们渴望得到援助，重新掀起新的斗争高潮。

这时候，加里波第正在北方，听见这个消息，再也坐不住了，立刻带领一支"千人军"前往支援。因为他们还穿着在美洲作战时穿的红色衣衫，所以又叫"红衫军"。5 月 5 日他们从热那亚乘船出发，几天后在西西里岛胜利登陆。

当地老百姓和游击队瞧见这支与众不同的"红衫军"，高兴极了，纷纷加入，队伍很快就扩大到 2 万多人。在经验丰富的加里波第的指挥下，"红衫军"打得敌人望风而逃，十分顺利地攻占了全岛首府巴勒莫，推翻了封建政权，赶走西班牙外来势力，使西西里岛得到彻底解放，结束了西班牙对意大利的统治。

这时候，撒丁国王来摘桃子了。在他的干涉下，虽然实现了撒丁和西西里的合并，建立了意大利王国，但是他把一切大权都紧紧捏住，满足了自己的野心。

加里波第这次远征，是意大利历史上非常重要的一页，促进了意大利的统一。尽管撒丁国王从中插手，窃取了胜利果实，但是统一毕竟是统一，总还是一件好事情。如果说有什么经验教训，就是在革命斗争中，千万要警惕像撒丁国王那样动机不纯的人。

想一想

为什么加里波第是意大利的民族英雄？

他是诗人，他是战士，他是大无畏的革命者

"带刺的玫瑰" 裴多菲

"生命诚可贵，爱情价更高。若为自由故，二者皆可抛。"

啊，这是一百多年前，匈牙利诗人裴多菲热情洋溢的诗篇呀！

裴多菲·山陀尔，1823年1月1日诞生于奥地利帝国统治下的多瑙河畔的一个匈牙利小城，父亲是一个贫苦的斯洛伐克族屠户，母亲是马扎尔族的农奴，属于社会最底层。

匈牙利，这个多灾多难的古老民族，从17世纪以来，就生存在奥地利帝国的淫威下，受尽了奴役压迫，丧失了独立地位。争取自由的起义斗争此起彼伏，渴望自由的呼声从来没有停止过。

生活在这种环境下的裴多菲，眼见耳闻的一切，使他的心情很不平静。许多民族英雄抛头颅、洒热血，争取民族独立的故事激励着他，早就在他幼小的心灵里打下了深深的烙印。独立、自由，构成了他生命的主旋律。

在学校里，他学习了法国大革命的历史，组织了进步学生社团，开始了诗歌创作。他的处女作，就是一首讽刺诗《告别》，矛头自然对准了不合理的社会。

他跨出学校大门后，走进了另一个"学校"的大门，当过兵，做过流浪演员，也做过《佩斯时装报》小小的助理编辑。他在"社会大学"里接触了更多的现实生活，更加深刻了解祖国人民的实际情况，比小时候在父母身边听见的深沉丰富得多。所有这一切，都灌输进他的心灵和血管，成为他生命的一部分，也是他后来永远不会枯竭的创作源泉。

裴多菲是一个诗人。诗歌是他的武器，是他唤醒匈牙利人民的号角。他用满腔激情讴歌自由，争取民族独立。他投身进革命群众运动，革命群众也积极行动，聚集在他的身边。此时此刻的裴多菲，好像一块富有凝聚力的吸铁石，团结了许多有志气的革命青年，组织起匈牙利第一个作家团体"青年匈牙利"。在革命激情的激励下，他写出了一首首诗，好像黑夜里照亮人心的火炬、投向敌人的匕首。裴多菲不是谈论风花雪月的象牙之塔里的诗人，注定了就是一个用诗歌抒发自己、唤醒别人、热情奔放的革命战士。请看他的一些诗篇的名称吧，《大海沸腾了》《把国王吊上绞架》，就明白他是什么样的人了。

1848 年春天，匈牙利社会里的民族矛盾与阶级矛盾已经达到白热化程度，年轻的裴多菲再也不能忍耐了，开始积极行动，把理想同革命紧密联系在一起，开始了革命斗争。

那一年 3 月 14 日，他和另外一些革命者，在佩斯城里的一家咖啡馆里秘密商议起义，通过了实行资产阶级改革的政治纲领《十二条》。

第二天，天刚刚亮，东方刚刚投射出第一束霞光，震惊世界的"佩斯三月起义"就开始了。

北京鲁迅故居博物馆，匈牙利诗人裴多菲雕像。（聂鸣／FOTOE）

裴多菲·山多尔

（1823-1849）

匈牙利共和国总理

麦杰希·彼得博士

于 2003 年 8 月 27 日

为雕像揭幕

Petőfi Sá

C

A szobrot

a Magyar Közt

2003.

上万名起义者集合在民族博物馆门前，裴多菲当众朗诵他头天晚上一个不眠之夜，怀着难以压抑的激情写的《民族之歌》。

你听，他在这首诗里高声呼唤着：

起来，匈牙利人，祖国正在召唤！

是时候了，现在干，还不算太晚！

愿意做自由人，还是做奴隶？

你们自己选择吧，就是这个问题！

最后，他举起手臂大声说："我们宣誓，我们永远不做奴隶！"

啊，这哪里是诗？这是鼓舞人们掀起民族民主革命的进军号角！

裴多菲烈火般的激情，感染了每一个人，所有人重复他的声音，跟随着高声呼喊："我们宣誓，我们永远不做奴隶！"

这个场面真使人激动啊，起义者呼声雷动，人人热血沸腾，凝聚成一股不可阻挡的力量，一下子就占领了多瑙河两岸的布达城和佩斯城，

尼古拉一世（1796—1855），俄罗斯帝国皇帝，1825—1855年在位，是巴维尔一世第三子，实施了币制改革、法典编纂事业和国有农奴管理方式的改革，对外镇压欧洲自由主义、民族主义运动。（文化传播／FOTOE）

好像一个熊熊燃烧的火炬，照亮了整个匈牙利，成为当时欧洲革命旋涡的中心，爆发了由科苏特领导的伟大的民族解放战争。第二年 4 月，新建立的匈牙利国会通过了独立宣言，昂起头颅自豪地向世界宣布，

建立匈牙利共和国，完全脱离了奥地利帝国的控制。恩格斯评论说："匈牙利是从三月革命时起，在法律上和实际上都完全废除了农民封建义务的唯一国家。"

面对这场来势凶猛的布达佩斯起义，反对派没有睡觉。为了维护帝国统治的欧洲旧秩序，奥地利皇帝斐迪南一世立刻联合"欧洲宪兵"俄国沙皇尼古拉一世，组织起一支庞大的俄奥联军，朝着新生的匈牙利恶狠狠杀来。

匈牙利革命面临巨大挑战。站着死，还是跪着求饶偷生，是每个匈牙利人都必须立即回答的问题。

裴多菲放下了手中的笔，对革命军的贝姆将军说："请让我与您一起上战场吧，我还会竭力用我的笔为祖国服务。"

噢，在那个激烈斗争的非常时刻，这还用多说吗？那时候不用穿上军装，只要拿起一把钢叉、一支旧式火药枪，就能直接参加战斗。裴多菲如愿以偿，立刻就被任命为少校军官，参加了革命军。他一手握枪，一手拿笔，以一个诗人战士的身份，挺起胸膛走上街垒，和残暴的俄奥联军殊死战斗。

1849 年那个火热的夏天，匈牙利完全浸泡在血泊里。布达佩斯是整个革命和反革命斗争的旋涡中心，双方投入的力量都最多，在狭窄的街道上摆开了决斗的战场。反动的俄国军队气势汹汹，仗着人数多、火力猛，用密集的炮火开路，一步步向前推进。他们挥舞着战刀，举起枪刺，毫不容情地斩杀革命者。一条条街道浸透了鲜血，到处横七竖八躺满了革命者的遗体。匈牙利革命军民在强敌压迫下，依旧热情高涨，和万恶的敌人展开一个个街垒的争夺战。没有一个人逃跑，直至战到最后一息。可是由于

力量悬殊，他们不得不忍痛放弃一个个阵地，后退到不能再后退的地步。

最后的时刻来临了。7 月 31 日清晨，贝姆将军还能集合起 300 多人的最后一支冲锋队，准备朝敌人作最后一次反击。出发的时候，他特别嘱咐裴多菲留下来，为自由的匈牙利保存一个宝贵的革命诗人。裴多菲违背了将军的命令，握着手里的枪跟着发起最后一次冲锋的勇士们，大声呐喊着冲了上去。街头顿时一片混乱，匈牙利革命军和敌人展开一场惨烈的肉搏战。在近距离搏斗中，分不清哪儿是敌人，哪儿是自己人，炮火已经没有用了，只有锋利的冷兵器可以决定生死。

混乱中，身体瘦弱的裴多菲被两个身强力壮的哥萨克骑兵围住。他刚刚躲开后面的马刀，前面一根长矛就刺进了他的胸膛，诗人满身是血，倒了下去。

热情的诗人倒下去了，无数革命者牺牲在敌人的屠刀下，革命的匈牙利又重新浸泡在血泊里。

不，裴多菲没有死，匈牙利人民不愿接受这个残酷的事实。有人传说，曾经在匈牙利一个角落瞧见他，诗人永远也不会离开祖国的土地。有人说，他被敌人俘虏了，被押送到寒冷的西伯利亚做苦力。裴多菲的下落，似乎是一个解不开的谜。

噢，不，这不是谜。他的确牺牲在最后战斗的战场上，他也千真万确活在匈牙利人民的心坎里。

年轻的诗人啊，你热情的革命诗篇是战斗的宣言，永远鼓舞着匈牙利人民为了争取独立自由勇敢前进，流芳千秋万载。

想一想

裴多菲为什么永远活在人们的心中？

他放下架子学木匠，打开了通海的"窗户"

雄心勃勃的彼得大帝

1697 年，北海边的荷兰来了一个俄国代表团。说来非常奇怪，这些俄国人不拜访政府部门，却老是往造船厂跑。其中有一个身材高大的青年干脆在造船厂里住下来，当了普通的木匠，老老实实学习造船技术。他的力气很大，干活非常卖力，人人都喜欢他，叫他米哈依洛夫。

更奇怪的是，俄国代表团的官员常常来看他，对他毕恭毕敬。他却随随便便的，似乎没有把这些官员当作一回事。

咦，这就奇怪了。一个小小的学徒，竟不把官员放在眼里，其中必有秘密。

秘密揭穿了，原来这个小木匠竟是俄国沙皇彼得一世！后来由于他的不朽功勋，被尊称为彼得大帝。那个代表团是打掩护的。

他到这儿来，就是为了学习造船技术。在学习过程中，他还认真参加建造一艘

油画：身着荷兰造船匠装束的彼得大帝。在 1697—1698 年赴西欧长达 18 个月的旅行中，25 岁的彼得在荷兰的赞丹港匿名当了一名木匠。但是仅一个星期，他的伪装就被识破。此后他在阿姆斯特丹的一家船舶修造厂工作了 4 个月，并被授予修船工的合格证书。（文化传播/FOTOE）

三桅巡洋舰的全部工序呢。

彼得大帝不仅在荷兰学习造船，还曾经到东普鲁士的海滨城市哥尼斯堡拜师学习炮兵技术，后来又到当时另一个海洋大国英国学习。他的兴趣非常广泛，除了造船，还仔细观察西方社会制度，学习文化知识，贪婪地学习一切新东西，好像一块吸水的海绵，汲取了许许多多养分。最后他来到奥地利，才公开了自己的身份，使世界大吃一惊。

人们不理解，堂堂的沙皇为什么不惜放下架子，跑到外国来学习？如果他对造船感兴趣，派一些留学生去就得啦，何必纡尊降贵自己跑来呢？

噢，这些人太不了解彼得大帝了。他必须亲自掌握这些知识和技术，才真正懂得怎么建设国家。他所做的这一切，是为了俄国尽快改革呀！

彼得大帝刚刚 10 岁就登基了。小小的毛孩子什么也不懂，政权交给同父异母的姐姐索菲亚代管。

索菲亚可不是吃素的，心里有一个小算盘，想真正代替弟弟掌权，做一个尊贵的女沙皇。后来她干脆发动政变，要把彼得大帝赶下台。想不到彼得大帝已经长大了，反倒抓住她，把她送进修道院，关在里面天天念经，甭想再出来兴风作浪了。

彼得大帝开始在历史舞台上亮相了，他心里想些什么？

他眼看着俄国这样封建落后，和西方列强相比，差了一大截，愚昧得简直会使人噎气。怎样才能改变情况，大步赶上世界的新潮流呢？

他想了又想，觉得问题出在俄国是一个封闭的内陆国家，处在与世隔绝状态。别瞧它的面积那样大，竟没有一个出海口，好像一个没有鼻孔的巨人，怎么呼吸新鲜空气，强壮自己的身体呀！

要说俄国完全是一个内陆国家，似乎也有些不全面。它的北方就有一条漫长的海岸线，怎么算是内陆国呢？

可惜那是冰封的北冰洋，根本就不能航行，再长的海岸线也没有用。从本质上来说，俄国还是一个另类的"内陆国"。

俄国必须有一个真正的出海口，必须和广阔的世界沟通，才能够改变落后状况，迈开大步赶上去。

约18世纪初，俄国沙皇彼得大帝的炮团进攻城堡。（文化传播/FOTOE）

出海口不是凭空掉下来的，只有从别人手里争夺。

为了达到这个目的，他首先瞄准了南方，发动了对土耳其的战争。他亲自率领3万大军进攻，咬牙拼命打下了黑海边的亚速港，呼吸了一丁点儿带咸味儿的海风。

拿下了亚速港又怎么样？要从这里出海，前面还得穿过博斯普鲁斯海峡和达达尼尔海峡，命脉还紧紧捏在土耳其的手心里，一切都得看别人的脸色。何况有了出海口，却没有强大的海军和商船队，照样不能称霸世界，又有什么用处？

不成！俄国必须还有一个更加开放的出海口，建立起真正的海军和商船队。

他把目光转向西边的波罗的海，心里做起了大海梦。在这个美梦的推动下，就有了文章开始说的那一段故事。不要别人代替，自己老老实实到荷兰去，学习造船技术。

哇，这可是开天辟地以来也没有的事情呀！古往今来，哪个君王能够做到？在他的带动下，俄国不改变样子，就实在说不过去了。

彼得大帝从荷兰回来，进行了一些什么改革？

第一件事情，不消说是争夺波罗的海的新出海口。

为了这个目的，俄国和瑞典狠狠打了一仗。起初打败了，后来终于打胜，得到一个非常狭窄，却无比重要的出海口，呼吸到西边海风带来的自由空气。从此俄国生产的货物不会堆在仓库里发霉，强大舰队也可以自由出海，和西方列强争雄了。

17世纪俄国彼得大帝剪须运动中，给一个俄国人剪胡须。（文化传播/FOTOE）

小知识

圣彼得堡 就是彼得堡，十月革命后改名为列宁格勒。位于涅瓦河入海口的三角洲上，以彼得大帝的名字命名。那里有一座他的青铜骑马像，是这个城市和一个时代的象征。

第二件事情，得赶快建立一个港口。

1703年5月6日，彼得大帝亲自视察这片新土地，寻找建造港口的理想地。他看上了一个河汊中间的小岛，毫不犹豫拔出腰刀，在地皮上划了两个十字划痕，指定就在这里建立一座城堡，也不管这儿地势低洼，水道纵横，是一片积水的沼泽。

经过10年努力，俄国硬在这里建立起一座城市。更加出乎人们意料的是，他不顾众人反对，干脆把首都搬来，就取名叫作彼得堡。

第三件事情，彻底改

革落后的陈规陋习，雷厉风行执行，不留半点面子。

他回国的第二天，许多大臣和贵族前来朝拜，一走上金殿就跪倒在地上磕头。

彼得大帝说："你们站起来吧。这是落后的礼节，以后不准这样了。"说完了，他就叫随从拿出一把剪刀，把这些人的大胡子统统剪掉，还命令他们脱下拖地的长袍，一律像他一样改穿活动方便的西服。在陈腐的俄罗斯人的观念里，浓密的胡子是"上帝赐予的装饰品"，宽大的长袍是高贵身份的象征。现在一下子改变，可不是简单的事情。

紧接着，他又下令改革军事制度，实行全民兵役制，代替原来的募兵制。为了解决原料匮乏，他甚至强迫每三个教堂必须捐献一口大铜钟，用来铸造大炮。

他用铁腕治理国家，无情镇压一切反对力量。经过许多努力，他终于改变了俄国原来的落后面貌，建立起中央集权的帝国。马克思评价说"彼得大帝用野蛮制服了俄国的野蛮"，说得真不错呀！

噢，我们说了老半天"彼得大帝""彼得大帝"，这个称呼是什么时候来的？

由于他的功劳，落后的俄国完全变了一个样，真正融入了国际社会，一天天强大了。原来被别人瞧不起的俄国"泥腿巨人"终于伸直了腰站起来，受到世界尊敬。全国臣民衷心赞美他、感谢他。

1721 年，经过枢密院全体通过，俄国人尊称他为"大帝"和"祖国之父"。原来的俄罗斯王国，也正式改名叫作俄罗斯帝国。

想一想

彼得大帝为什么要到荷兰当木匠？

一个哥萨克亡命徒，一部罪恶征服史

堪察加"叶尔马克"

当别的西方列强正张牙舞爪，在世界上其他地方争夺殖民地的时候，一只魔爪悄悄从北方伸进了亚洲的后门。

这就是沙皇俄国。

哼，沙皇俄国。谁挨着它，谁倒霉。它永远也填不饱贪婪的胃口，不停地从周围邻居身上割下一块块肉，扩大自己的边疆。它像气球一样吹胀，成为领土面积高居世界第一的庞大帝国。

我们已经在前面讲过了，俄国沙皇伊凡雷帝派遣一个哥萨克土匪头子叶尔马克，如何跨过乌拉尔山，侵入西伯利亚西部；也在《中国上下五千年》中，讲过一帮帮俄国"军事探险队"怎样侵入中国。

现在我们要讲的，是它怎样闯进最遥远的东方，鄂霍次克海滨的堪察加半岛的故事。

这件事，和彼得大帝脱不了关系。我们曾经在前面为他唱了一首赞美诗。因为他放下架子，认真学习别人，把落后的俄国引上了强大兴旺的道路。可是

雕版画：俄罗斯圣彼得堡的涅瓦河港口和交易所的风景，反映了彼得大帝在1703年兴建的圣彼得堡作为新文化和工业中心的繁盛景象。（文化传播/FOTOE）

哥萨克士兵从他掠夺的村庄中疾驰出来，牙齿咬着缰绳，以便腾出手来拿战利品。（文化传播／FOTOE）

你自己强大起来，是你自己的事情，不该一旦站起来，就把枷锁套在别人的脖子上呀。功是功，过是过，必须认真说清楚。要不，还算什么忠实历史的手笔呢？

这个彼得大帝雄心勃勃，眼光看得非常远。他积极支持向远东发展，渴望把领土伸展到太平洋，使俄罗斯帝国打破封闭的内陆国家格局，拥有波罗的海、黑海、北冰洋和太平洋"四海"的出海口；进一步发出指令，跨过亚洲和美洲之间的海峡，在美洲也踏上一只脚。他和他的继承人们还曾经梦想过，在阿富汗打开一个缺口，把爪子伸进温暖的印度洋里呢。

现在我们要讲的堪察加"叶尔马克"，就是这个向远东发展的罪恶计划中一个关键环节的执行者。

俄国人自己写的历史也承认，叶尔马克是个十恶不赦的哥萨克土匪头子。这个堪察加"叶尔马克"名叫阿特拉索夫，也是一路货色。

那时候，俄国已经从中国手里侵占了外兴安岭以南、黑龙江以北的大片土地。天生的冒险家阿特拉索夫，是一个哥萨克匪徒头目，就是在这个时候窜到远东来的。他作为沙皇的代表，驻扎在这里作威作福，向当地各个少数民族征收毛皮税和其他税款，干尽了伤天害理的坏事。

1696年，他派了16个哥萨克，组成一支小分队，到亚洲最东端的楚科奇半岛南边、科里亚克人居住的地方"考察"。这伙人沿着海岸来到堪

察加半岛，毫不客气地捣毁了第一个瞧见的村庄，来了一个下马威。

第二年，阿特拉索夫亲自带领 120 个人远征堪察加半岛。由于兵力不足，俄国人抓了一些当地人充实队伍。走在半路上，这些被抓来的当地人发生暴动，打死打伤了十多个俄国人。阿特拉索夫使用武力，残酷镇压了暴动者，好不容易才进入了堪察加内地。

阿特拉索夫一到这里，就插上俄国旗子宣布占领，命令堪察加人缴税归顺。自由的堪察加人从来没有见过这些外来者，凭什么要听他们的话？阿特拉索夫生气了，认为他们对自己不敬，就是"反叛行为"，必须杀一儆百才能树立威风。他想也不多想一下，就下令开枪镇压，烧毁了村里400 多座房屋，几乎杀光了整个村子里的人。他还理直气壮，自称"平叛"呢。

紧接着，他一鼓作气深入堪察加内地，沿途发现了 160 多个村庄，认为这都是"无主土地"，统统以沙皇的名义宣布占领。

残暴的俄国侵入者，打破了这儿的宁静生活。许多当地部落不甘心低头归顺，纷纷拿起武器反抗，发生了激烈战斗。虽然他们的人数很多，却抵挡不住俄国侵入者的枪炮，死伤非常惨重。

阿特拉索夫摆足了威风，自认为已经完成了对堪察加半岛的征服，大摇大摆继续向南前进，一直走到了半岛的尽头。在这里，他遇见了另外一个陌生的民族。这是身上多毛、以鱼和海豹为食、来自千岛群岛的阿伊努人。

第 次见面，阿特拉索夫一点也不客气，立刻板着面孔宣布，现在他们属于俄罗斯帝国了。不仅应该服从自己，还必须交纳税款。

听呀，这是什么话？初次见面，别人为什么要听你摆布？

阿伊努人不理他的碴。阿特拉索夫开枪就打，占领了他们的村子。阿伊努人从来没有见过这样不讲理的人，恨不得把这些匪徒消灭光。

阿伊努人复仇的机会终于来了。阿特拉索夫匪帮到处乱放枪，带来的弹药快要用光了，不得不返回西伯利亚东部的基地，留下 16 个哥萨克守在这里。这可是一个好机会，愤怒的阿伊努人把这些强盗紧紧围住，冲进去统统宰掉，一个活的也不留。这才是以牙还牙、以眼还眼，对待豺狼的办法。

19世纪日本卷轴画：阿伊努族人围着一头祭祀用的黑熊宴饮。（文化传播/FOTOE）

阿特拉索夫一路顺风到家了吗？

噢，不，这个抢劫成性的匪徒，瞧见钱财就红了眼睛，连自己人也要抢。他走在半路上，瞧见一艘俄国船，装满了从中国劫掠来的货物，忍不住拦路打劫，结果被告到沙皇政府面前，抓起来蹲了五年大牢。

这个堪察加"叶尔马克"的戏还没有完呢。

他坐牢后，俄国派到堪察加半岛的哥萨克部队，在当地横行霸道，引起强烈反抗。沙皇政府虽然不把当地人的性命当成一回事，却不得不考虑，照这样发展下去，恐怕没法在堪察加半岛站稳脚跟了，只好放出阿特拉索夫这个"堪察加通"，派他担任当地的行政长官，设法稳住这块新边疆。

阿特拉索夫有什么绝招呢？除了镇压，还是镇压。他镇压别人还可以，但想摆出铁腕人物的威风，压制那些桀骜不驯的哥萨克，可就没有人买他的账了。

哥萨克暴动了，同时写了一封揭发信，捅出阿特拉索夫的种种罪行，狠狠告了他一状。

阿特拉索夫又坐牢了。这一次再也没有人帮他说话，看样子他得把牢底坐穿。他不甘心就这样了结，瞅准一个空子越狱逃跑出来。由于实在没有别的地方好去，只好硬着头皮重新回到堪察加。他依旧雄心勃勃，认定了自己还有翻身的一天。

阿特拉索夫为什么这样想？因为他看透了，在那山高皇帝远的草莽地

库页岛 和堪察加半岛隔海相望，原来是中国领土，面积76400平方千米，1790年（乾隆五十五年），被沙皇俄国吞并。

方，什么沙皇和政府的权威，统统都是扯淡。谁的拳头硬，谁就是草头王。他是公认的堪察加"叶尔马克"，难道不能在这儿重新闯出一番新天地吗？

这时候，堪察加一片乱哄哄。连阿特拉索夫在内，一下子冒出三个行政长官，谁也不听谁的。而当地部落反抗越来越激烈，打死不少俄国兵。有一次，当地人把一个哥萨克的据点包围了整整一个月，残余的哥萨克好不容易才突围出来。

一团混乱的争斗中，这三个真真假假的行政长官，一个被暴乱的哥萨克活活打死，一个被戴上镣铐推下悬崖，最后剩下阿特拉索夫，也被反叛的哥萨克一刀砍掉脑袋，罪恶的一生就此了结。

阿特拉索夫死了，堪察加的故事就完了吗？

不，还有下文呢。

反叛的哥萨克为了得到彼得大帝的宽恕，打算立功赎罪。他们闯到千岛群岛，在幌筵岛上和不肯投降的阿伊努人狠狠打了一仗，却被一脚踢下大海，夹着尾巴逃了回来。可是他们这次行动还是有收获，在这里打听到一个重要情报。千岛群岛南边还有一个日本，可以作为今后瞄准的目标。

1718年，彼得大帝正式发出指令，让两个正在海军学院学习的大地测量专业的学生，提前毕业到远东去，执行一项秘密任务，测绘堪察加半岛和千岛群岛的地图，同时探索通往日本的道路。看来这位雄才大略的沙皇，对日本不怀好意，打算寻找时机动手了。遗憾的是这两个知情的青年测绘学家很快就死了，彼得大帝不久也一命归西。当时彼得大帝到底还有什么计划，永远成为一个不可解的疑谜。

想一想

俄国是怎么占领堪察加半岛的？

他奋斗不息，找到亚洲和美洲的"缝隙"

白令海峡发现记

1724 年底，彼得大帝在临死前不久，突然想起一件事情说："我对这件事早就想了很久，只不过被别的事情耽搁了。怎么从北方穿过冰海，寻找一条通往中国和印度的道路？"

他为什么这样想？当然不是出自探奇和纯科学目的。因为当时俄国人已经到达堪察加半岛。他渴望知道，这块大陆往东到底延伸到什么地方，是不是和美洲大陆相连；俄国的势力是否可以继续向东延伸，一直伸进美洲的后门，扩大俄罗斯帝国的疆土。这才是他最关心的。

为了实现这个目的，他立即下令，由海军部承办，组织一支探险队。海军部不敢怠慢，委派丹麦籍的白令船长担任领队，马上出发，执行这个计划。

彼得大帝十分关心这个计划，死前三星期还亲笔给白令发布训令，指

1729 年，西伯利亚地图，地图上有象征沙皇统治的双头鹰和土著图案，丹麦航海家维他斯·白令绘。维他斯·白令（1681—1741）生于丹麦霍尔森斯，是俄罗斯海军中的丹麦探险家。（文化传播/FOTOE）

令白令必须"在堪察加半岛或者别的什么地方，建造两艘船"，然后"靠近向北延伸的海岸航行……以期寻找和美洲接壤的地方……亲自登上岸考察，把那条海岸线标上地图才能返回"。

请看，彼得大帝考虑得多么细致，连细节都安排得清清楚楚，目的只有一个，就是加快步伐，吞并那儿所有的土地。

白令有丰富的航海经验、坚韧不拔的性格。他曾经在荷兰海军服务，建立了不少功勋，早就名声远扬。1703 年，他应邀来到俄国，担任海军军官，是这次航行最合适的人选。

1725 年，白令带领 70 多人从圣彼得堡出发，踏上艰险的征途。他们一路上骑马、步行穿过西伯利亚密林，划着小船沿着一条条河流前进，整整耗费了两年时间，才到达东方的鄂霍次克海边。

当他们到达这里的时候，正是滴水成冰的寒冬季节。他们早就断粮了，只能靠吃腐烂的臭肉和兽皮维持生命。几乎所有的人都患了坏血病，一些人饿死了，还有一些人半路开了小差，士气十分低落。好不容易遇见当地人，他们抢夺了一些粮食和拉雪橇的狗，才支撑着到达目的地。

按照彼得大帝的指示，白令在堪察加海边造了一只船，小心翼翼顺着海岸朝东北方向航行。1728 年 7 月，他发现了一座小岛，就是现在白令海峡南边入口处的圣劳伦斯岛。

8 月 26 日，他们驶到北纬 67°18′ 的地方，按理说已经进入了海峡，却由于雾气迷茫，能见度很差，看不见两边的海岸线。

由于天气一天天转冷，可怕的冬天又要降临了，白令不敢继续前进，只得返回堪察加半岛的基地。

小知识

白令海峡 位于亚洲和北美洲之间，宽 86 千米，长 60 千米。最深处 70 米深，最浅处 42 米深。

从这次航行的轨迹分析，白令从圣劳伦斯岛开始，一直向北航行，已经基本穿过了整个海峡。发现隔断亚洲和美洲之间的海峡的荣誉应该属于他，后来人们把这个海峡命名为白令海峡，把圣劳伦斯岛周围的水域称为白令海，完全

画在海豹皮上的地图，古代俄罗斯白令海峡海滨的楚科奇人绘制。19世纪末，一个北极捕鲸船的船长得到了它，1958年它被捐赠给英国牛津艾希莫林博物馆，1966年又被转到牛津大学的比德河博物馆收藏。（文化传播/FOTOE）

是合理的。

想不到的是，后来俄国竟有人跳出来，否定了白令的功绩，认为这个海峡是俄国人自己发现的。

有俄国人说：白令手下一个叫帕夫卢茨斯基的军事讨伐队司令官，为了平定远东"不安分的楚科奇人"，领兵来到这里。1732年夏天，他派出一个叫费多洛夫的代理船长、另一个叫格沃兹捷夫的测量军官，乘船考察发现了这个海峡。

试问，如果这是真的，为什么俄国政府后来还要派白令来寻找这个海峡呢？出于狭隘的民族观念，某些俄国人排斥几十年如一日、一生忠实为俄国服务的丹麦籍的白令，实在太不公平了，也实在有些令人寒心，以后谁还愿意为你服务呢？

白令在基地耐心等待到1729年的夏天，又出海作了一次寻找亚洲尽头的尝试，可惜在海上遇着强风和浓雾，只好放弃了原来的计划，带队回到圣彼得堡。

这时候，彼得大帝已经死了。继位的沙皇彼得二世对考察西伯利亚不感兴趣，看也不看白令的考察报告。这件事只好暂时搁下来了。

1730年，女沙皇安娜·伊凡诺夫娜上台后，对这个计划重新产生了兴趣。带队考察的重任，仍旧交给无人可以替代的白令。

1733年，春天刚刚来临的时候，白令就率领一支几百人的庞大队伍，浩浩荡荡从圣彼得堡出发，发誓要彻底弄明白这个问题。其中除了有经验的水手，还有科学家、测绘人员、工匠和全副武装的士兵。到了西伯利亚后，队伍又增加了一些随队做苦力的流放犯人，总数超过了800人。

跨越辽阔的西伯利亚的路不好走，加上气候恶劣，拖拉到了八年后。1741年6月5日，白令和一个副手才正式驾驶两只船出海。

这一次，他的运气比上次好得多。虽然一场风暴把两只船分开，白令本人却十分幸运瞧见了阿拉斯加的海岸；返回途中他又发现了阿留申群岛的一些岛屿，遇见了美洲的阿留申人。

百折不挠的白令，终于完成了彼得大帝交给他的任务，不仅发现了亚洲的尽头，而且登上了美洲海岸。

他载誉回来了吗？

唉，没有啊。可惜的是在1741年12月8日，他和手下28名水手，都病死在海峡中一个无人居住的荒岛上。后来，为了纪念他，人们就把这座岛命名为白令岛。

想一想

? 白令是怎么发现白令海峡的？

他点燃反对农奴制度的烈火，喊出了人民的心声

普加乔夫起义

哪里有压迫，哪里就有反抗。

18世纪下半叶，在黑暗的俄国农奴制度下，剥削压迫越来越残酷。老百姓实在忍受不下去了，只好拿起武器进行反抗斗争。

1771年，莫斯科爆发了城市贫民起义，叫作"鼠疫之乱"。

1772年，伏尔加河和顿河的哥萨克村镇普遍发生骚动，反抗哥萨克上层首领和帝国统治。

这时候，俄国正在和土耳其进行战争。外面已经打得够呛了，加上这一次次叛乱打破了平静的生活，使帝国政府焦头烂额。女沙皇叶卡捷琳娜二世好不容易才依靠军事力量，将这些叛乱一个个残酷镇压下去。

这就平息了吗？

不，只要不公平的农奴制度存在，就还会有反抗。

1773年夏天，一个小小的火星终于点燃了燎原大火，一场更加声势浩大的农民起义爆发了。

这个"火星"是一个越狱逃出来的顿河哥萨克农民，名叫普加乔夫。他参加过七年战争和俄土战争，由于战功被提升为少尉军官，是一个战斗经验丰富的老兵。为了推翻叶卡捷琳娜二世的统治，他利用群众中存在的怀念"善良沙皇"的心理，自

小知识

七年战争 1756至1763年间，以英国、普鲁士、汉诺威为一方，法国、俄国、奥地利、瑞典、西班牙、萨克森为一方，在欧洲、美洲和印度进行的帝国主义利益争夺的大混战。

俄土战争 1768至1770年间，俄国和土耳其为争夺黑海海峡和巴尔干控制权的战争。

叶卡捷琳娜二世（1729—1796），原名索菲亚，俄国女皇（1762—1796年在位）。（文化传播/FOTOE）

称彼得三世，是彼得大帝的后代，带领80个哥萨克造了反。

哇，彼得三世，那就是当今沙皇叶卡捷琳娜二世的丈夫呀，1762年刚刚上台，就十分神秘地死了，叶卡捷琳娜才接位当上了女沙皇。已经死了的人，怎么又钻了出来？

四处传播的流言，经过人们加油添醋，越传越离奇。小道消息说，彼得三世并没有死，而是使用障眼法，瞒过了那个狠毒的女人的眼睛，在最危急的时刻悄悄逃出皇宫，跑到顿河哥萨克中间躲起来，现在重新露面，是向她讨还血债、为民申冤来了。

这个消息被说得有鼻子有眼、活灵活现的。虽然有人还半信半疑，有人却不管三七二十一，只要听见谁出头帮老百姓说话，反对残暴的叶卡捷琳娜二世就好。

要造反，只靠冒充"死而复活"的"善良沙皇"还不够，还得打出一张真正鼓动人心的王牌才行。普加乔夫本来就是社会底层出身，深深懂得老百姓的痛苦。这时候，老百姓最痛恨的是什么？就是万恶的农奴制度。叶卡捷琳娜二世不顾老百姓死活，是农奴制度的积极维护者，支持农奴主残暴虐待无助的农奴，把农奴像牲口一样随意贩卖，是天下老百姓的死敌。

针对这个要害，普加乔夫打出了彻底废除农奴制度的旗号，同时宣布取消沉重的人丁税，把土地、牧场、水池和森林分配给贫苦农民。这一连串响亮的口号，通过人们互相传播，像草原上的风一样，很快就传遍了俄罗斯大地。

啊呀，这些口号比 10 万精兵还灵，一下子就紧紧抓住穷苦老百姓的心。受够了欺压、觉得无路可走的老百姓看见了一线希望，纷纷拿起武器参加起义队伍，其中包括农民、哥萨克、逃亡士兵、乌拉尔的厂矿工人，甚至还有鞑靼人、卡尔梅克人等许多少数民族居民。普加乔夫的队伍迅速壮大起来。他点燃的火焰，呼的一下燃遍了四面八方，席卷了乌拉尔、西西伯利亚、伏尔加河中下游的广大地区。

现在他可以甩开膀子大干一场了。

第一仗，他把打击对象瞄准了军事重镇奥伦堡。由于城堡坚固，无法攻破，他就采用围困的办法，整整围困了 170 天，打退了东西方向两支政府援军，打出了威风。

面对起义的熊熊火焰，叶卡捷琳娜二世不敢怠慢，连忙调集精兵进行围剿。普加乔夫起义军虽然满怀仇恨，毕竟没有经过正规训练，和官军交战，起初胜仗多，败仗少，后来渐渐败仗多了。攻克喀山城堡就是一个例

乌拉尔工厂为普加乔夫送大炮。1773—1775 年，普加乔夫以彼得三世的名义领导农民起义。（文化传播/FOTOE）

1775年，莫斯科博洛托广场，领导农民起义失败后的普加乔夫被处以肢解的极刑。（文化传播/FOTOE）

子，本来已经取得了胜利，却经不住官军反攻，反倒转胜为败，被赶了出去，不得不撤退到伏尔加河西岸，自由哥萨克活动的老地盘。起义军舔干了血迹，重新发动和组织农民接着干。

这一次，起义军一鼓作气攻下了军事重镇萨拉托夫，乘势围困伏尔加河上最重要的察里津。在这里起义军迎面遇上了名将苏沃洛夫统领的一支精锐部队，发生一场恶战。往昔的少尉军官普加乔夫，不是老谋深算的苏沃洛夫元帅的对手，吃了一个大败仗，带领着残余的200多人，向东突围渡过伏尔加河，撤退到南方草原地带。20多天后，这个农民起义领袖不幸被无耻叛徒出卖，被俘虏后押解到莫斯科，被判处死刑。叶卡捷琳娜二世担心夜长梦多，第二天就匆匆忙忙把他杀害了。

一场轰轰烈烈的农民起义，就这样被无情扑灭了，可是它沉重打击了俄国的农奴制度和沙皇统治。普加乔夫的名字，永远留在人们的心头，世世代代也不会被忘记。

想一想

？ 普加乔夫起义是怎么发生的？

他们为反对专制而牺牲，他们含笑走上绞刑架

坚贞不屈的十二月党人

1825 年 11 月，俄国沙皇亚历山大一世突然死了。常言道，国不可一日无君。他死了，谁来继位呢？

他没有儿子，按照规定应该由他的二弟康斯坦丁接位，想不到这位亲王对当沙皇没有一丁点儿兴趣，难题出现了。

这时候，三弟尼古拉跳出来了，表示自己愿意干。贵族和大臣们立刻纷纷表示效忠，宣布在俄历 12 月 14 日，举行一场规模宏大的宣誓仪式。尼古拉高高兴兴地盼着那一天早些到来，好名正言顺登上沙皇宝座。

12 月 14 日到了，尼古拉正眼巴巴等待臣民向他献忠心，做着美妙的好梦，想不到突然出现 3000 多名陆海军士兵，他们在军官的带领下，排列成整齐方阵，大步拥进圣彼得堡的参政院广场。

他们是来宣誓效忠的吗？

不，请听他们齐声高呼的口号吧。

他们喊着："反对向沙皇宣誓！要宪法！要民主！"

啊，这是怎么一回事？所有的人都懵了，这些士兵是不是发疯了，怎么胆敢在新沙皇即位的宣誓大典上，喊出这种走调的反叛口号？军人以服从为天职，应该绝对顺从至高无上的沙皇，怎么敢跟沙皇陛下唱反调？当兵的没有文化，难道当官的也不懂吗？

这是不是一伙无法无天的散兵游勇？

不，他们的队伍排列得整整齐齐，受过严格军事训练，

小知识

尼古拉一世　镇压十二月党人的沙皇。上台后武力征服高加索和中亚，攻打伊朗、土耳其，镇压波兰、匈牙利革命。

有严格的军人纪律。

是不是当兵的造反，军官毫不知情？

不，队伍前面领头的就是他们的指挥官。看得出这是官兵一致的行动，他们可不是个别人煽动起来的乌合之众。

站在旁边的人们不明白，为什么不早不晚，会在这个节骨眼儿上出现这种事情？内中有没有隐秘的原因？

当然事出有因。常言道，冰冻三尺非一日之寒。事情闹成这样，起因可早啦。

根本的原因是俄国沙皇政府的专制独裁、黑暗的农奴制度、残暴的血腥统治。沙皇高高坐在皇位上，肆意镇压人民，却又紧紧捂住老百姓的眼睛和嘴巴，禁锢人民的思想，妄图使用愚民政策，让人民永远做马牛，让

19世纪，十二月党人聚会商讨建立一个民主共和国。十二月党人由参加国外远征的俄国贵族军官组成，以推翻专制政体为宗旨。他们于1825年发动反对农奴制度和沙皇专制制度武装起义，由于起义发生在俄历12月，因此他们在俄国历史上被称为十二月党人。（文化传播／FOTOE）

皇朝的天下地久天长。

是呀，在长期闭关自守的环境里，人们听见的只有沙皇的一个声音，很容易认为这就是真理，老老实实低头服从，不敢说半个不字。

只要捅破那层纸，只要打开窗户，只要让俄国人民跨出封建的国门，他们就会知道天外还有天，天地并不都是鼻子跟前那一丁点儿东西，沙皇说的话并不都是真理了。

一个封闭的帝国，打开窗户谈何容易？专制独裁的沙皇，决不会主动派遣臣民出去见识外面的广阔天地。

一件谁都没有意料到的事件发生了。1812年拿破仑入侵俄国，之后的反击战中，一支支俄国远征军跨出了封闭的国境。其中有一些有头脑的贵族军官，受到西欧民主思想的影响，把他们在外面的所见所闻和俄国的现实比较，不由得开始思索一些关乎国家命运的严肃问题。

专制独裁的政体还能继续下去吗？农奴制度还能万古长存吗？

不，这绝对不成！为了俄国的未来，这一切必须统统推翻，按照西方方式来改造国家。

自由民主的思想发了芽，一些秘密革命团体开始出现了。从反对拿破仑战争结束的那一天起，俄国就先后涌现了好几个秘密组织。

1816年成立的救国协会，又叫祖国忠诚子弟协会，主张废除农奴制，模仿西欧实行君主立宪。

1818年成立的幸福协会，主张实行共和制，用军事手段推翻沙皇专制统治。

1821年成立的南方协会，起草了《俄罗斯法典》。主张废除农奴制和等级制，建立共和国。同时成立的北方协会也秘密拟定了《宪法》，基本主张差不多，提出建立君主立宪制和联邦制国家。

瞧吧，所有这一切秘密革命组织都有一个共同声音：打倒沙皇！取消农奴制！这些组织的组成人员，基本上都是远征归来的贵族军官，还有一些有远见的知识分子。难怪12月14日在圣彼得堡的参政院广场上，几千陆海军士兵喊出那样整齐划一的口号。

19世纪20年代，俄国十二月党人起义分子流放的监狱。（文化传播/FOTOE）

新沙皇尼古拉震怒了，摆出了不可冒犯的沙皇架子，命令禁卫军进行镇压。想不到这些示威的士兵都身经百战，哪里会怕只会在宫廷里摆样子的禁卫军。他们一阵密集射击，就打得威风凛凛的禁卫军抱头鼠窜。打算镇压人的，反倒被别人压住了。

尼古拉眼见硬的不行就来软的，马上派一位大主教手持十字架和《圣经》，拉长了嗓门装模作样说："孩子们，你们应该听从仁慈的上帝的话，放下武器吧。"

起义士兵不吃他这一套，一阵连轰带赶，把他赶了出去。

第三个上场的是圣彼得堡总督，摆出一副官架子，开口就训斥起义士兵们说："这是反叛行动，你们不怕砍脑袋吗？"

他的话还没有说完，就被一个气愤的士兵扇了一个响亮的耳光，连滚带爬逃跑回去了。

这也不行，那也不行，新沙皇尼古拉陡然起了杀心，连忙调来炮队，对准广场一阵猛轰。起义士兵手里没有重武器，没法进行还击，霎时间被打倒了一大片。广场上血流成河，一场轰轰烈烈的示威就这样被镇压下去了。

起义失败的消息迅速传到南方的乌克兰。12月29日，南方协会又发动了一次武装

起义，也被无情镇压了。这两次事件都发生在俄历12月，所以人们就把这些革命党人统一叫作十二月党人。

这次起义失败后，十二月党人遭到无情镇压。5位领袖被绞死，100多人被流放到西伯利亚，在极端恶劣的环境里做苦工，还有600多人被判刑。受到不公平对待的十二月党人，高昂着头颅，含笑走向刑场和流放地，宁愿死也不向残暴的沙皇低头认错。特别要说的是他们的妻子，也坚信自己的亲人是无辜的，在极大的社会压力下，也不遵从沙皇的意愿提出离婚。高贵的爱情，纯洁的理想，谱写了一篇篇十二月党人可歌可泣的故事。

在这里，让我们最后说一下，一个普普通通的马车夫，送其中一位作家车尔尼雪夫斯基到西伯利亚去，临别时对作家说了一句话。这个马车夫流着眼泪说："我知道，谁拥护人民，谁就被流放到西伯利亚去。再见吧，您是好人呀！"

瞧，人民的心里是明亮的。十二月党人没有失败。他们的行动鼓舞了渴望民主自由的俄国人民继续进行更加猛烈的反抗斗争，难怪革命导师列宁也对十二月党人给予高度评价。

向你们致敬，有良知的爱国知识分子们。你们默默忍受着苦难，盼望的光明的明天一定会来临。

想一想 ❓

为什么十二月党人值得尊敬？

不幸的波兰，遇着三个恶邻居

三次瓜分波兰

一个西瓜可以用刀切开，让围在旁边的人尽情分享。

一个国家也像西瓜一样，可以让别人随意瓜分吗？

有啊，在往昔沉痛的历史里，波兰就是这样的。

波兰，东欧通向中欧的宽阔走廊。

波兰，北方波罗的海和南方喀尔巴阡山脉之间，维斯瓦河流淌过的美丽地方。

波兰，虽然不算十分古老，也曾经一度辉煌。

波兰，多么美丽，多么肥沃呀！引得周围几个恶狼一样的邻居觊觎，安下了坏心肠。

公元 960 年，梅什科王朝在这儿建立。第二任统治者博莱斯瓦夫一世，就在 1025 年自称波兰国王。从此以后，波兰的名字就在这里叫响了。人民为它而骄傲，它也赢得了世界的尊敬。

请你别说它是一个小国、一个任人欺凌的弱国。想当年，在 16 世纪的时候。它在极盛时期，也曾经风光一时，占有广阔面积，成为东欧一个响当当的强国呢。

这是真的吗？

当然是真的！那时候，它的疆域北起波罗的海，南达黑海之滨，东起奥得河，西至第聂伯河，曾经君临东欧天下。强悍的俄罗斯，听见它的名字也不由得惧怕三分。

可惜呀，可惜。这一切都是过

小知识

华沙大公国 1802 年建立。拿破仑失败后，1815 年被俄国灭亡。

克拉科夫共和国 1815 至 1846 年，是割据一方的小国。

眼云烟，好像划过长空的流星似的，很快就结束了。往后是流不完的辛酸眼泪，说不尽的悲伤故事。其中最叫人伤心的，就是古时俄、普、奥三家的三次瓜分。这几个恶霸邻居，真的把波兰当成西瓜了，想怎么切一刀就切一刀。那时候的波兰，完全浸泡在眼泪里。

东边的沙皇俄国天生就富于侵略性，西边的普鲁士也是同样的角色，加上南边恶狠狠的奥地利，都把眼睛盯住它，它就不会有好日子过了。

这些邻居是怎么下手的？最早和一位波兰国王去世有关系。

1763年，波兰萨克森王朝末代国王奥古斯都三世生病死了，波兰全国都沉浸在悲痛中。

请问，一家人的家长死了，邻居应该怎么办？当然该派人送花圈，表示哀悼呀。可是它的东边邻居就不是这样。俄国女沙皇叶卡捷琳娜二世的心眼坏透了，觉得这是一个打进去的好机会，就使用武力威胁，强迫波兰议会"自愿"选举，让一个俄国贵族波尼亚托夫斯基建立一个伪政权，当上了新国王。

1767年6月，俄军正式开进波兰，把这个主权国家当成了自己的殖民地。波兰人惊呆了。一些波兰爱国贵族立刻行动起来，领导抗俄武装斗争。

呸！世界上哪有这种道理？简直是活生生的强盗伎俩。

俄国占了便宜，旁边的普鲁士和奥地利不干了。奥地利和土耳其结成联盟，支持土耳其在巴尔干对俄国发动进攻。普鲁士也酸酸的，露出不高兴的面孔。他们想说的都是同样一句话，俄国熊的胃口别太大了，把这块肥肉吐出来，咱们大家都得有一份。

贪心的俄国有些害怕了，担心他们纠合在一起，给自己找麻烦，不得不放弃独霸波兰的计划，同意了普鲁士国王腓特烈二世提出的瓜分波兰的主张。

1772年8月，俄、普、奥三个强盗坐下来，在彼得堡签订第一次瓜分波兰的条约。大家都有一份，不许独家霸占所有的好处。

三个强盗怎么切波兰"西瓜"呢？

普鲁士说："挨着波罗的海那一块肥肉是我的，维斯瓦河口也是我的。"

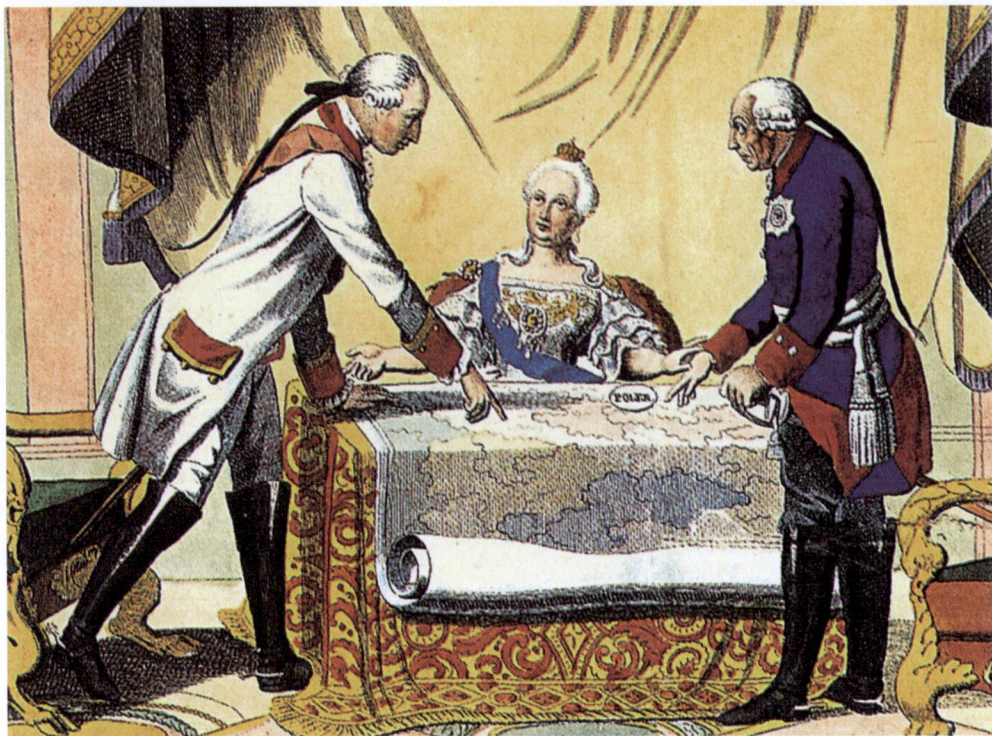

1772年，普鲁士、俄国、奥地利三国共同瓜分波兰。此为俄、普、奥三国第一次瓜分波兰，1793年和1795年，俄、普、奥三国又两次瓜分波兰，波兰领土全部被瓜分。（文化传播/FOTOE）

奥地利说："南边人口最多、矿产最丰富那块地方是我的。"

俄国生气说："我最先进来，得的应该最多。"

三个强盗吵吵嚷嚷，讨价还价，最后达成了协议，各自按照自己的想法，都美滋滋地尝到了甜头。

他们这样私下分赃就成吗？

不，他们也要摆出"绅士"派头，让波兰自己同意才行。

1773年5月，三个强盗派兵紧紧围住波兰议会，强迫波兰议员举手通过这个"友好赠予"的条约。一些爱国议员当场抗议抵制。可是那个国王就是俄国派来的，别人不同意，他当然同意。他一手包办，把波兰三分之一的领土和人民，双手奉献给这三个强盗了。

可怜的波兰，只剩下不多的土地了。人民纷纷起来，要求进行改革，在1791年5月3日通过了一部新宪法：限制国王的权力，他不能随意制定法律，不能私自和外国签订条约；宣布全体人民都是"民族独立自由的捍卫者"，人人都有义务保卫祖国。

时刻盯住波兰的三个强盗，觉得自己还没有吃够，正要找借口，再切波兰一刀，这个《五三宪法》一出台，正好是机会。俄国首先跳出来，认为《五三宪法》"不合法"，立刻派出 10 万大军进行武装干涉，普鲁士跟着也派了兵。两个强盗东西夹击，各自霸占了一大片土地。

这两个强盗也懂得一些"文明"规矩。他们说别人不合法，自己的行为必须通过正常的法律程序才对。怎么把自己用刺刀占领的地方合法纳入囊中呢？他们来了一个"两部曲"。1793 年，自己先面对面坐下来，签订了第二次瓜分波兰的双边协议，然后拿着这个条约，用武力威胁波兰议会通过。在亮晃晃的刺刀的威逼下，全体波兰议员拒不举手，用沉默来抗议。在《五三宪法》的限制下，俄国派来的那个傀儡国王也没有办法。

面对这个情况，怎么办？两个手持刀枪的强盗一合计，干脆宣布"沉默就是同意"，使用这不要脸的强盗逻辑，实现了他们第二次瓜分波兰的"合法性"。

经过这次瓜分，波兰剩下的土地更少了，只留下一丁点儿连手脚也放不下的地方，甚至首都华沙也被残暴的敌人霸占了。

祖国危急了，民族面临被奴役的悲惨命运。爱国人民实在无法忍受了，在民族英雄科希秋什科的带领下，在南部古城克拉科夫举行规模宏大的起义，在华沙市民的配合下，里应外合解放了俄国军队侵占的首都华沙。

这样一来，俄国气得跳起来了，撕下了假面具，立刻出兵进行了一场疯狂屠杀，血染美丽的华沙。普鲁士、奥地利也趁机派兵打进来。1795 年 10 月 4 日，三个强盗经过分赃谈判，签订了第三次瓜分波兰的协议。

这一次，三个强盗彻底灭亡了波兰，再也不用装模作样走过场，让波兰人盖一个橡皮图章了。

波兰就这样被这些无耻的强盗瓜分得一干二净了，不留半点痕迹。

失去祖国独立的波兰人民没有屈服，不断起义反抗。好不容易盼到第一次世界大战后在《凡尔赛和约》中得到各国承认，才获得了几天独立。

1830年，波兰华沙监狱暴动。自1772年以来，俄国、普鲁士和奥地利三次瓜分波兰，处于俄国统治下的波兰人民不断反抗外来侵略者，并爆发大规模的爱国运动。（文化传播/FOTOE）

可惜好景不长。后来希特勒发动了新的侵略战争，头一个吞并的就是波兰。背后的苏联也迅速出兵，以保护为名，和德国各自占领波兰一半的领土。二次世界大战胜利后，波兰作为胜利国和受害国，本应取得赔偿。苏联又以波兰东部居住了许多乌克兰人为理由，硬生生划掉一大块。为了安慰可怜的波兰，苏联把它的边界往西移动，从德国身上割一刀，作为对胜利国波兰的补偿。

唉，波兰为什么这样命苦？怨只怨它的东边、西边两个邻居，俄国和德国太凶恶了。中国一本古书上说："昔孟母，择邻处。"平常人家可以随便挑选邻居。惹不起，躲得起，邻居不好，自己搬家好了。可是一个国家遇着坏邻居，怎么能够搬家呢？

想一想

? 波兰为什么一次次被瓜分？

起来，自由的人民，赶走强大的英军

华盛顿和美国独立战争

翻开美国最早的历史，是一篇被奴役的血泪史。

你可知道吗？今天强大的美国，曾经也是别人皮鞭下的殖民地。

噢，那要回溯到最早的欧洲移民来到这儿定居的时代。

1620 年 12 月 21 日，一艘破旧的帆船"五月花"号，载运着一些贫苦的英国清教徒，静悄悄地在今天美国东北部马萨诸塞州的普利茅斯海湾登陆，揭开了这儿移民的序幕。后来，从欧洲来的移民越来越多，这里成为英国的海外殖民地，划分为 13 块，统一取名叫作新英格兰。英国政府派遣总督在这里横征暴敛，残酷剥削殖民地人民。

1765 年，英国人又花样翻新，想出了征收印花税的花招，规定所有的文件，包括公文、契约、合同、文凭、报纸、书籍、广告、单据，甚至私人遗嘱，都必须缴纳印花税。老百姓忍无可忍，组织起"自由之子"，抓住征收印花税的英国官员，给他全身涂满乌黑的柏油，贴满鸡

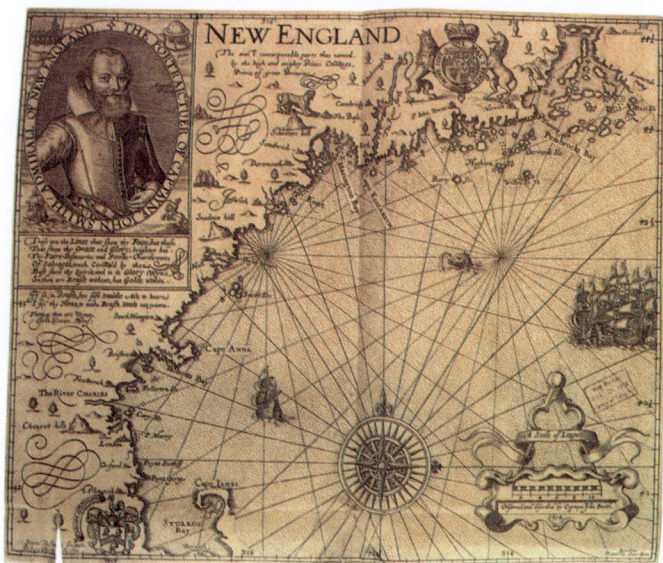

美洲新英格兰地图。约翰·史密斯航海出版物插图。约翰·史密斯（1580—1637），英国探险家，美洲弗吉尼亚詹姆斯敦殖民地首领。1588 年英国击败西班牙无敌舰队后，在北美洲建立了新英格兰殖民地。1620 年，英国清教徒乘坐的"五月花"号船在此靠岸。后成为美国资本主义工商业的发源地。（文化传播/FOTOE）

毛和印花税票，愤怒地问他："你们还要收印花税吗？就给你身上贴个够吧。"

1773年，波士顿码头上，"自由之子"革命群众愤怒地冲上英国商船，把一箱箱茶叶扔进海里。好好的茶叶，为什么扔进大海？因为英国殖民当局垄断了茶叶进口贸易，专横地征收茶叶税，又一次损伤了当地人民的利益；还因为不久前英国殖民当局，就在波士顿这个地方制造了骇人听闻的波士顿惨案，枪杀了多名波士顿居民。人民牢牢记在心头，能不气愤吗？

波士顿惨案发生后，北美殖民地人民纷纷支援，强烈抗议英国的残暴统治。1774年8月1日，弗吉尼亚州召开紧急会议。一个名叫乔治·华盛顿的代表慷慨激昂地站起来，自愿出钱招募1000名战士，赶去救援波士顿。

紧接着，他代表弗吉尼亚州参加在费城召开的大陆会议，商议成立北美十三州反英的统一组织。

北美人民在行动，英国也在行动。1775年4月18日晚上，在莱克星顿打响了第一枪。枪声惊醒了北美人民，他们立刻行动起来，组织民兵反抗，狠狠打击身穿红色军装的英军。华盛顿被推选为大陆军总司令，领导整个抗英斗争。

华盛顿来到战场，检阅手下的部队，不由吃了一惊。只见这些士兵高矮胖瘦不齐，衣服破破烂烂，手里的武器五花八门，压根儿就不像一支军队。可是这些战士有一个共同的特点，意气昂扬，充满了对敌斗争的信心。

这就够了！情况紧迫，前线危急。华盛顿对他们稍加整顿训练，就带领着这支兵不像兵、民不像民的部队开上战场，围攻波士顿的英军司令部。

英军虽然武器精良，训练有素，却抵挡不住气势如虹的民兵队伍，被围困得弹尽粮绝，不得不夹着尾巴逃跑了。北美民兵旗开得胜，士气大大增长，参军的人数越来越多，队伍一下

小知识

大黄蜂事件 美国独立战争期间，一个农家孩子瞧见一队英军开来，急中生智，把一桶黄蜂扔向他们，蜇得这些"龙虾兵"遍地乱滚，取得一场胜利。

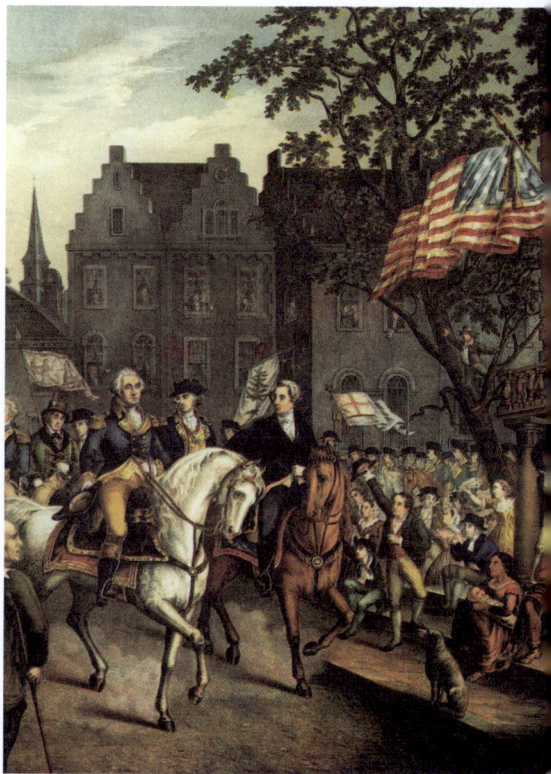

平版画：1783 年 11 月 25 日，华盛顿率领美国大陆军进驻纽约市。这一年美、英两国在巴黎签署和约，英国被迫承认美国独立，英军从纽约撤出。（文化传播/FOTOE）

子发展到将近 2 万人。

在胜利喜悦的鼓舞下，北美人民及时召开了第二次大陆会议。1776 年 7 月 14 日，会议通过了《独立宣言》，不仅宣布独立，还提出"人人生而平等"的民主思想，这成为未来美国的基本立国思想的准绳。这一天，就被定为美国的国庆节。

北美宣布独立后，英国不甘心失败，从本土调集了大批海陆军疯狂反扑，占领了当时的美国首都费城。新生的美国向法国紧急呼援，法国派出舰队，会合华盛顿领导的美国民兵，并肩战斗，收复了费城。1781 年 9 月，英国远征军不得不最后举手投降，美国独立战争胜利结束了。

胜利了，人民准备向华盛顿欢呼，要他出来继续担任领导职务。可是他静悄悄脱下军装，回到弗吉尼亚州家乡的庄园里，过起了隐居生活。

为什么这样？因为他参加反抗英国殖民者的独立战争，并不是为了个人名利，而是为了人民的利益。如今战争已经结束，他当然就解甲归田了。

华盛顿虽然这样做，人民却没有忘记他。1787 年，人民要求他再次出山，主持订立了美国宪法，推选他担任第一届总统，接着又连任一届。当大家还要他做第三届总统的时候，他坚决拒绝了，表示不能开这个先例，为后来个人专政埋下祸根。瞧，华盛顿真是一心为公，没有一丁点儿私心呀，难怪美国人尊称他为"国父"。

想一想

为什么美国人民尊称华盛顿为"国父"？

他是伟大的黑奴天使，他是勇敢的民主斗士

"平民总统" 林肯

从前，美国也有万恶的奴隶制，也发生过一次关乎国家存亡的内战。这一切，都发生在林肯总统在任的时期。

亚伯拉罕·林肯，一个平凡而又伟大的美国"平民总统"。

林肯的一生，是不平凡的一生。

1809 年 2 月 12 日，他出生在一个贫穷的农民家庭，从小就帮助妈妈劳动。可惜他刚刚 9 岁，苦命的妈妈就撒手离开了世界，小小的林肯经受了一个莫大的打击。多亏继母也是一个善良的农村妇女，对他非常关心，不仅尽可能在生活上关照他，还督促他好好读书学习。话虽这样说，家里没有钱，怎么能够上学读书呢？小林肯只好跟着爸爸下地，在西部荒原上开荒种地过日子。后来他说："我一辈子进学校的时间,加起来还不到一年。"这可是一句大实话，没有半点虚假。

林肯没有钱读书，就放弃了学习吗？不，他和许许多多穷孩子一样，非常渴望学习。哪怕在种地和放牛的时候，他也总是带着一本书。只要坐下来休息一会儿，就贪婪地阅读。他甚至点着小油灯，一直苦读到深夜，从来没有放弃过一丁点儿学习的机会。

艰苦的社会底层生活，不仅没有消磨掉他奋发向上的信心，还让他养成了勤劳、俭朴、谦虚和诚恳的品格。贫穷，对于他来说是财富，不是前进的绊脚石。

林肯一天天长大了，告别了父母和偏僻的家乡，开始独自外出谋生。为了生存，他当过雇工、石匠、伐木工人、水手、店员、乡邮员、土地测量工。这一连串五花八门的工作履历，说白了，就是一个打工仔。

打工的日子是不好过的。可是不管他走到什么地方，干什么活，不管日子多么苦，生活多么不安定，总也不肯放下手中的书本。

读书，读书，不停地刻苦读书。他的知识越来越巩固，视野越来越宽阔。广博的书本知识加上丰富的社会阅历，奠定了他渊深的学识基础。他依靠坚强的毅力刻苦学习，终于通过了严格的考试，当上了人人羡慕的律师。

啊，律师，那可得穿着白领衬衫，进入神圣的学院课堂，经过多年寒窗磨砺，才能用烫金的证书和学士方帽子换来呀。林肯只不过是一个自学成才的打工仔，一下子就攀上这个高高的台阶，的确很不简单。

不简单的还在后面呢！

1834年，他刚刚25岁，就当选为伊利诺伊州议员，一步跨进了政坛。

1860年，经过激烈的选举斗争，他当选为美国第十六任总统，攀上了政治舞台的最高峰。

林肯没有财团支持，没有雄厚的竞选资金，怎么选上总统的呢？

他依靠的是正直的良心。

那时候，美国正在十字路口，一个国家分成了两半。北方资产阶级和平民老百姓主张自由平等，南方却是大庄园主霸占的天下，还顽固推行奴隶制。解放黑奴，还是维护蓄奴主义，是考验每个人的政治试金石。

林肯坚定地站在解放黑奴的立场上，大声疾呼："我们怎么能够忍受一半奴隶、一半自由的状态？"

他这样说，也这样做。他当选为总统不久，南方就

美国华盛顿，林肯纪念堂的俯视图。（毛世明/CTPphoto/FOTOE）

1861 年，美国历届总统肖像画。（文化传播/FOTOE）

发生了叛乱，宣布成立"美利坚联盟国"，选出一个大庄园主头子戴维斯当"总统"。全国 34 个州中，有 11 个州参加这个集团，脱离美利坚合众国而独立。

这个戴维斯信口雌黄，说什么"黑人不能和白人平等，黑人奴隶劳动是正常的"。

呸！这是什么话？只有极端反动的种族主义者和奴隶主义者的狗嘴里，才能吐出这种话。

南方反动派不仅嘴里说，还先动起手了。1861 年 4 月 12 日，在军事统帅李将军的带领下，南方军突然发动袭击，攻占了许多城市和要塞。由于他们早有准备，打了北方政府一个措手不及，一路势如破竹，兵临首都华盛顿城下。

国家危急，民主自由危急，眼看经过先烈浴血奋战创建的民主政权，就要在种族主义分子大军的攻击下覆灭。在这个关键时刻，林肯没有被吓倒，立刻挺身而出，发出战斗号召。虽然前线一次次失利，他却始终保持着旺盛的战斗精神。在全体爱好民主自由的人民的支持下，北方军度过了战争的最低潮。1863 年 1 月 1 日，林肯发布了著名的《解放黑人奴隶宣言》，宣布废除奴隶制，彻底解放黑奴。他签署完毕后，在场的成千上万的群众发出欢呼，更加坚定了必胜的信心。

这个宣言可以抵十万颗重磅炮弹，一下子传播开来，得到广大黑人和白人劳动者支持。北方几十万黑人拿起武器参军，南方许多黑人在各地发动起义。许多旅居美国的外国人也未袖手旁观，纷纷组织起来参加战斗。其中有意大利"加里波第近卫军""波兰军团"、爱尔兰"凤凰"团队、俄罗斯志愿军。一些来自中国的华工也义无反顾，投入了这场正义与邪恶的斗争，为保卫美国的民主自由的内战洒下了鲜血。

有了广大人民群众支援，北方力量一天天壮大起来。在格兰特将军的指挥下，北方分兵三路反攻，渐渐扭转了被动局面。1863年夏天，南北两军在弗吉尼亚州葛底斯堡展开决战，士气高昂的北方军打败了李将军手下的南方军主力，成为战争的转折点。紧接着，格兰特将军指挥的北方军攻占了维克斯堡要塞，控制了整条密西西比河，好像切西瓜似的，把"美利坚联盟国"的领土切成东西两半。1865年4月3日，北方军终于攻占了"美利坚联盟国"的老巢里士满。4月9日，无路可走的李将军投降了。这场长达四年之久的内战，终于以奴隶主的彻底失败而告终。

在这个全民欢腾的时刻，谁也想不到的是，战争胜利了，领导作战的林肯总统却在一次戏剧演出中，被一个南方复仇分子刺杀了。一颗罪恶的子弹穿透他的头部，他立刻倒在血泊里，永远停止了呼吸。这一年，他才56岁，还可以为人民做许多事情呀！

整个美国都愤怒了，要求严惩凶手，泪水浸透了美利坚的国土。人们为了纪念他，修建起林肯纪念堂和纪念碑。

林肯就这样消失了吗？不，他永远活在人民的心间。他在1863年葛底斯堡战役胜利后发表的著名演说中，大声宣布的"民有、民治、民享"的民主精神，永远也不会在人间消亡。

想一想

民有、民治、民享是怎么一回事？

老师对他摇头叹息，他却使世界震惊

发明大王爱迪生

电灯是谁发明的？

爱迪生！

留声机是谁发明的？

爱迪生！

电影是谁发明的？

也是爱迪生！

电车、橡皮、水泥、打字机、发电机、蓄电池、压力表，是谁发明的？

统统都是爱迪生！

在第一次世界大战期间，他还发明了水雷探测器、水底巡灯、战舰稳定器等 39 种军工产品呢。

爱迪生是世界发明大王，他的发明一下子说也说不清。根据不完全统计，他一辈子总共发明了 2000 多种东西。仅仅从 1869 年到 1910 年间，他就获得 1328 种发明专利权。在这个时期里，平均每 11 天他就有一种发明。人们觉得不可理解，干脆把他称为发明的"妖魔"，真了不起呀！

哇，爱迪生发明了这么多的东西，小时候准是一个神童。

不，恰恰相反，他和别的孩子不一样，直到 8 岁半才进学校读书，只念过三个月的小学，每次考试都是全班倒数第一名。老师瞧着他就摇头叹气，断定他是一个无可救药的低能儿，说他是糊涂虫。

他真的糊涂吗？才不是呢。其实他只是对什么东西都要刨根问到底。有一次上算术课，老师说 2 加 2 等于 4。爱迪生却一定要让老师讲明白，2 加 2 为什么等于 4。老师不管怎么解释，他也不满足，所以老师对他很头痛，就说他"愚笨"了。

托马斯·爱迪生（1847—1931），美国发明家。（文化传播/FOTOE）

不过说他傻，似乎他也真有些傻。小时候，他瞧见老母鸡孵蛋，觉得非常神秘，也很好玩。自己也学老母鸡一样，趴在一堆鸡蛋上面动也不动一下，整整孵了一天蛋。不消说，他一只小鸡也没有孵出来，白白吃了一天的苦头。也不知道他一屁股压破了鸡蛋，弄脏了裤子没有。

这真是犯傻吗？

也不是。因为他比别的孩子的好奇心更大，才干出这种傻事。

唉，那个老师实在太不像话了，竟这样随便给一个孩子下结论。要知道，这将会对一颗小小的心灵造成多大的伤害啊。

爱迪生遇着这个不负责任的老师，却有一个好妈妈。妈妈生气地说："老师这样说你，就别跟他学习。干脆回家来，我教你吧！"

他的妈妈认真教他读书。从历史到科学，什么都讲给小爱迪生听。爱迪生听得津津有味，觉得妈妈比老师讲得还有趣。可是爱迪生是一个特别爱动手的孩子，不像小绵羊似的，乖乖坐在妈妈面前听。他最感兴趣的还是自己东搞西搞，动手做各种各样的实验。

小时候，他做过什么实验？除了那次让人笑破肚皮的孵小鸡，还曾经试验火的威力有多大，一把火烧掉了家里的牲口棚。

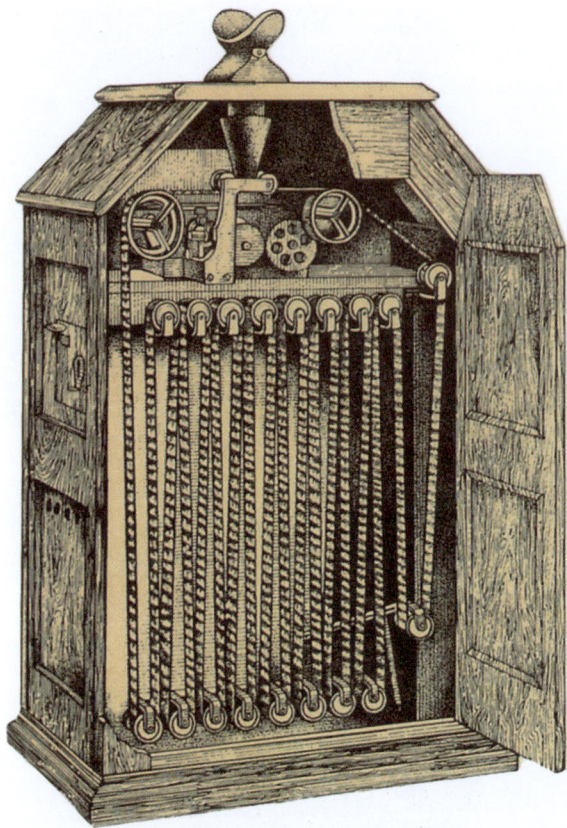

活动电影观赏机，19世纪，由爱迪生发明。（文化传播 /FOTOE）

哎呀呀，爱迪生这样胡搞一通，还会闹出什么乱子呀？

他一天天长大了。为了做实验，他钻进地窖里建立了一个小小的实验室，正儿八经做起实验了。可是要认真做实验，就得买许多实验材料，得有钱才行。可惜家里太穷了，可没有专门供给他做实验的一笔钱。

家里没有钱，就自己挣吧。

小小的爱迪生很有志气，很小就学会了自立。先开始卖菜，后来当了一个小报童，爬上火车卖报纸。那时候，南北战争正打得不可开交，报纸很受人们欢迎。他 15 岁那一年，灵机一动，干脆自己躲在火车的行李车里，印刷一张他自己编的报纸《先驱周报》，坚持了四年，他居然从这张报纸上赚了 2000 美元呢。那时候的 2000 美元，可比现在值钱得多呀！

他在火车上干的另外一件事情，就没有那样顺利了。

唉，这个满脑瓜幻想的爱迪生竟在行李车上继续做他的科学实验，把堆满旅客行李的车厢当成自己的实验室。有一次，他一不小心把一根磷棒掉在地板上燃着了。列车长气坏了，顺手给了他一耳光，把他的右耳朵打聋了，让他留下终身的残疾。不消说，列车长也把爱迪生和所有实验设备统统扔下火车，不再留这个淘气的孩子在车上了。

爱迪生在火车上也遇到了特别喜爱他的人。有一次，他瞧见一个小女

珍珠街发电站，1882年，由爱迪生公司在纽约建立，是美国的第一个发电站。（文化传播 /FOTOE）

孩在铁轨上玩。正好一列火车开过来，情况非常紧急。他连忙冲过去，救了这个小孩，想不到她竟是这个车站站长的小女儿。站长非常感激他，就教他成了电报员。爱迪生凭着这个技术在一家电讯公司工作，还获得"最快电报员"的称号呢。

这些事情对爱迪生来说，都不算重要，重要的是继续做自己的实验，创造发明出别人想也没法想出来的许许多多的东西。

他的第一桶金，是在纽约挖出来的。1869年，他借了一些钱，到这个大都会去寻找生活的道路。虽然他在这一年发明了自动数票机，却没有得到人们注意。头三年他没有找到像样的工作，也没有固定的收入，几乎饿死了。

有一天，他的机会突然来了。他寄居的地方，有一台印刷黄金和股票行情的机器忽然坏了，弄得许多银行和商家的工作一团糟。爱迪生修理好了这台机器，又继续改进，获得了巨大成功。他的发明专利被买下来，他就有一笔可观的资金，可以继续做新的实验了。

往下的事情就不用多说了。爱迪生的发明像滚雪球一样越来越多，很快就名扬天下，成了世界闻名的大发明家。

你以为爱迪生的发明创造只靠灵机一动，非常容易吗？

不，他的每一个发明，都付出了艰巨的代价，经历了曲折漫长的过程。就拿他发明电灯来说吧。起初他使用炭做灯丝，一下子就烧断了。接着他又用了各种各样的东西代替，从贵重的白金，到普通的的金属，甚至稻草、头发、胡子、马鬃、玉米芯。他一共试用了 16000 多种材料，最后才找到理想的钨丝，实现了电灯泡寿命达到上千小时，用电"点灯"的瑰丽梦想。1882 年的春天，第一批实用的电灯泡被生产出来。这一年的秋天，发电所正式向用户供电，一下子照亮了世界。人们说他是"带给世界光明的使者"，一点也不错。

爱迪生的故事讲完了。人们不禁会问：他那源源不断的发明创造，有什么特殊的秘密？

噢，什么秘密也没有。请听他自己说的一句话吧。他说："一分灵感，九十九分汗水"，就是推动自己不停前进的"魔力"。

是的，他做出每一个发明，都发挥了常人不可想象的毅力。就以他研究发明蓄电池来说吧，经过了 5 万多次实验，写的实验笔记有 150 多本，才最后达到目的，就是最好的证明。

小时候被老师当成"低能儿"，长大以后给别人打工的时候，被老板怒斥为"不务正业"的爱迪生，终于获得世界的承认。1924 年美国投票选举全国最伟大的人物，爱迪生以压倒一切的高票当选，获得了最高的特级国会荣誉勋章，也获得全世界人民的无限崇敬。一个著名的英国作家评价他："他虽然没有发明历史，却为历史锦上添花。"说得真不错呀！

想一想

爱迪生的秘密是什么？

愤怒的黑奴起来造反，点燃了万恶的种植庄园

美洲的黑人共和国

伊斯帕尼奥拉岛，加勒比海上的明珠，号称"大安的列斯皇后"。

伊斯帕尼奥拉岛在哪儿？它的西边隔着向风海峡，和古巴遥遥相望；东边隔着莫纳海峡，连接着波多黎各岛。它恰巧在排列成一长串的大安的列斯群岛的中间，位置十分重要，是加勒比海的心脏。

从前，西班牙殖民者占领时期，伊斯帕尼奥拉岛叫作圣多明各岛，意思是"神圣的星期天"。因为这儿有一座海港城市，是一个西班牙传教士在星期天主持修建的。

这个岛是哥伦布在美洲建立的最早的一个殖民据点。1697年，法国逼迫西班牙签订《里斯维克条约》，把这个岛的西半部割让给它，这就是海地。海地成为法国的殖民地。海地是当地印第安人对脚下这片土地的称呼，意思是"多山的地方"。从这个名字就知道，

欧洲殖民者到达小西班牙岛（圣多明各岛）。哥伦布信上的插图。（文化传播/FOTOE）

这儿是一片山冈起伏的地方。

法国殖民者在这儿干了些什么事情？

它不仅把这儿作为插足拉丁美洲的前哨站，还看上了这儿丰富的资源，把这里当成一个热带种植园。由于从哥伦布开始，西班牙殖民者就在这里进行大屠杀，几乎把当地的印第安人杀光了。现在要发展生产，得要大量劳动力呀。法国殖民者就从非洲抓来大量黑奴，填补印第安人的空缺，专门在这里种植棉花、甘蔗、咖啡、烟草，运回法国本土享受，同时赚取巨额财富。那时候海地的出口贸易额，占了法国殖民地贸易总额的一半以上，由此可见海地多么富饶，被法国殖民者剥削压榨得多么厉害。

根据 1779 年的统计，海地的 54 万多居民中，黑奴就占 48 万人，加上 2 万多自由黑人和混血儿，几乎完全是一个黑人的国度。

噢，这是一个多么使人震惊的事实呀！自称给新大陆带来"文明曙光"的欧洲"高贵绅士"，竟活生生屠杀尽一个不肯低头归顺的美洲民族；又像贩运牲口似的，从遥远的非洲运来另一个民族做马牛。他们使用血腥的手段，完全改变了当地人口分布的地图。这样骇人听闻的事件，和后来希特勒屠杀犹太人相比，简直有过之而无不及。这发生在所谓"大航海""大殖民"的"伟大历史时期"，说明包括头顶"伟大地理发现家"光环的哥伦布在内，殖民主义者从来就是双手沾满鲜血的刽子手。

记住吧！这就是肮脏的殖民主义，永远也不要忘记。

不消说，在这样的历史背景下，海地黑人的命运十分悲惨。他们身受极端的种族歧视和阶级压迫，在火辣辣的热带烈日和监工的皮鞭下，像牛马一样一天工作 18 到 19 小时，没有一丁点儿休息的权利，毫无人身自由。

海地黑人生活在水深火热中，心里的怒火越烧越旺。一些自由黑人和混血儿为了争取和白人同样的权利，终于在 1790 年发动了一次武装起义。可是由于他们准备不足，又没有发动广大黑奴，很快就被镇压下去了。

俗话说，星星之火，可以燎原。反抗殖民者的复仇火苗点燃了，就再也不会熄灭。被踩在社会最底层的广大黑奴从这次短促的斗争中看见了希望，也终于忍耐不住，开始行动起来。

1801 年，杜桑·卢维杜尔宣读海地共和国的宪章。圣多明各的法国殖民者占领了伊斯帕尼奥拉岛西边的部分地区。18 世纪 90 年代末获释的黑奴杜桑·卢维杜尔发动领导了一次起义，夺回了整个岛屿（海地岛）的统治权。（文化传播/FOTOE）

1791 年 8 月 22 日晚上，海地黑人奴隶经过秘密串联，发动了一场声势更加浩大的全国性起义。

这是风暴，这是凶猛的海啸，愤怒的黑奴们高声呼喊着"自由万岁"和"宁愿死，也比当奴隶好"的口号，不顾一切往前冲杀。一把把熊熊大火，烧毁了黑奴视为牢笼的一个个种植园。他们抓住可恨的奴隶主，使这些平时作威作福的白人老爷威风扫地，很快控制了全国大部分地区。

在这场革命中，涌现出黑人英雄领袖杜桑·卢维杜尔。他原本是一个种植园赶马车的奴隶，受法国大革命时期一些启蒙思想家影响，斗争意志特别坚决。他亲自带领奴隶攻打殖民者的庄园和堡垒，打得殖民军队丢魂失魄。革命军不仅打败了法国匆匆忙忙从本土派来的援军，还打垮了妄想趁机入侵的西班牙和英国侵略军，把他们一脚踢进大海，最后完全肃清了殖民势力，统一了全国。

1801 年 6 月，海地人民建立了自己的革命政权，制定了宪法，宣布不分人种一律平等。经过战争烈火考验的杜桑·卢维杜尔，被推选为终身总统。

这个消息传到欧洲，拿破仑非常震怒，立刻派他的妹夫勒克莱尔率领3万远征军和54艘战舰，组成一支庞大的远征军，恶狠狠朝新生的海地杀来。

眼见妄图反攻倒算的敌人来了，杜桑·卢维杜尔慷慨激昂地鼓动战士们："我们已经取得了自由，我们黑奴世代受欺凌的时代已经一去不复返了！可是现在法国人又回来了，企图剥夺我们的自由。我们宁可战死，也决不能答应他们！让我们共同奋斗吧！我们要让法军饿死、渴死、累死，让海地变成这些强盗的活地狱！努力吧，自由属于我们！"

杜桑·卢维杜尔明白，不能和这些武装到牙齿的敌人正面交战，聪明地采取了焦土政策，忍痛烧毁敌人所到之处的一切东西，让敌人没有吃的，没有喝的，活活困死他们；与此同时，利用熟悉的地形，神出鬼没到处打击敌人。拿破仑手下的精兵被折磨得死去活来，想不出办法来对付杜桑·卢维杜尔领导下的海地革命军。人们说，俄国的库图佐夫第一次用焦土政策，弄得拿破仑焦头烂额，却不知道杜桑·卢维杜尔使用这个办法，比库图佐夫还早11年呢。

阴险的勒克莱尔没法在战场上取胜，打听到杜桑·卢维杜尔有两个儿子在法国留学，立刻向拿破仑报告，抓住这两个孩子作为人质，威胁杜桑·卢维杜尔。

杜桑·卢维杜尔心里非常难受，但是他宁愿牺牲儿子，也决不牺牲革命放弃斗争。他的回答非常干脆，亲自带领部队猛攻猛打，用百倍的勇气和复仇的怒火烧毁敌人，把敌人打得大败。

勒克莱尔一计不成，又生一计。过了几天忽然送来一封信，请杜桑·卢维杜尔去谈判和平的问题，还装得十分真诚的样子，起誓绝对保证杜桑·卢维杜

小知识

海地共和国 面积 2.8 万平方千米，人口 971 万（2011年），首都太子港，是美洲唯一的黑人国家。

尔的安全，说什么"你不可能找到比我更诚实的朋友了"。

杜桑·卢维杜尔以为敌人没有办法，准备撤军投降了，毫无戒备就走进法军军营。想不到他刚刚跨进去，勒克莱尔就翻了脸，立刻下令抓住他，押上军舰送回法国。

杜桑·卢维杜尔愤怒地指着飘扬在船上的三色旗，质问勒克莱尔："你们的旗帜宣扬博爱、平等、自由，不知道羞耻吗？"

勒克莱尔才不理睬呢，完全撕破了和善的假面具，再也不提什么"诚实的朋友"，露出了狰狞的本来面目，恶狠狠地说："你有什么话，到法国再说吧！"

杜桑·卢维杜尔被押送到法国，拿破仑亲自下令将他关押进牢房，最后活活折磨死了。

杜桑·卢维杜尔死亡的消息传到海地，更加激发了海地人民斗争的勇气，他们终于歼灭了大部分法国远征军，勒克莱尔这条毒蛇也死了。海地人民解放了被敌人侵占的所有土地，迫使残余的敌人举手投降。

1803年11月29日，海地人民骄傲地通过了《独立宣言》；选择了一个好日子，在第二年元旦正式宣告独立，建立了世界上第一个黑人共和国，拉开拉丁美洲民族解放战争的序幕。

想一想

为什么海地没有印第安人，而是一个黑人国家？

他是热情的诗人，他是勇敢的革命家

古巴民族英雄何塞·马蒂

哈瓦那市中心的革命广场，耸立着一座雪白的大理石雕像。每到纪念日，人们都要来到这里，放下一束鲜花默哀致敬。

他是谁？他就是古巴民族英雄何塞·马蒂。1853年1月28日，他出生在哈瓦那，为了祖国解放而献身，人民永远不会忘记他。

啊，马蒂，一个多么光辉的名字。他的一生，就是积极追求祖国独立解放的一生。

古巴这个国家，和拉丁美洲的许多国家一样，民族组成非常复杂。除了当地原有的印第安人，还有被贩卖到这儿的非洲黑人，西班牙裔侨民、土生白种人和混血种人。马蒂的父亲原本是西班牙殖民军的一个下级军官，母亲是土生白种人。说起来，马蒂也算是西班牙血统。可是他生在古巴，整个生命早已深深烙上了古巴的痕迹。他是古巴人，热爱自己出生的国土，这是绝对不能动摇的。

噢，古巴，自哥伦布发现新大陆那一天开始，就沦为西班牙的殖民地。生活在这里的殖民地人民，只有说不尽的苦难，白皮肤的西班牙裔居民也不例外。马蒂从小就目睹了一切，他的心被深深刺疼了。

他刚刚9岁那年，有一次在码头边目睹了一艘贩运"会说话的牲口"的奴隶走私船上，白人船长挥起鞭子毒打奴隶的残酷情景，感到无限恐怖。后来他把这件事写在一首诗里，立下誓言要"用生命来洗雪奴隶制的罪孽"。

马蒂是热情奔放的诗人，他的武器也是诗篇。1868年10月，古巴爆发了反对西班牙殖民主义、争取独立解放的武装起义。他还是一个16岁的中学生，就热情洋溢地在《自由祖国》上发表了一部宣扬爱国思想的诗

何塞·马蒂纪念碑及雕像，古巴首都哈瓦那革命广场。（刘远/FOTOE）

歌，积极参加地下革命活动。嗅觉灵敏的殖民当局注意到他，把他列上黑名单，后来搜查出几份违章的《自由祖国》，和马蒂写的一封动员一个同学脱离西班牙殖民军队的信件原稿，立刻就逮捕了这个小小的思想犯，以"叛逆罪"判处6年徒刑，把他押送到采石场，戴上沉重的脚镣，让他在烈日暴晒、皮鞭毒打下服苦役。这没有锉掉他的意志，反倒坚定了他的信心。他决心为祖国解放事业奋斗到底。

后来在反动的殖民当局的迫害下，他两次被流放西班牙，又辗转流亡在一些拉丁美洲国家和美国。虽然他远离祖国，却始终牢记着自己的使命，时时刻刻关心着苦难的祖国人民，用他特有的"武器"，紧紧握着一支笔，通过发表文章和公开演讲，鼓动海外古巴侨民，进行爱国运动。

他是革命者，也是伟大的诗人。在美国居住的15年，他发表了大量作品，达到了创作的高峰。他的文学成就足以名列世界文学大师的行列。1953年，他诞生100周年的时候，世界保卫和平大会就把他和中国古代大诗人杜甫、法国作家雨果、美国诗人惠特曼，共同列为当年纪念的世界四大文化名人，许多国家都发行了邮票纪念。1993年11月，联合国教科文组织又通过决议，把他列为1994至1995年度纪念的世界名人之一。

他的文学作品不是无病呻吟的风花雪月，而像他的诗篇中所说，是"一团烈焰"，充满了战斗的爱国热情，这些作品本身就是一篇篇爱国宣言。在创作的同时，他一天也没有放弃斗争，积极参加各种活动，担任了旅

小知识

古巴独立战争 分为 1868 至 1878 年的前期"十年战争"，1895 至 1898 年的后期独立战争两个阶段。

居美国的古巴侨民革命委员会的主席，后来又被推选为古巴革命党主席，热情号召古巴同胞起来斗争。

他不是空口说白话，而是一个言行如一的革命实干家，到处积极奔走，组织武装、募集资金、购买军火，抓紧时机进行武装起义。

他曾经在 1894 年的圣诞节秘密拟订了一个计划：从距离古巴最近的美国佛罗里达半岛，偷渡回国起义，可惜被一个叛徒告密，运送武器和人员的船只被美国扣留，这个计划泡汤了。

一次挫折算什么？他接着赶到多米尼加，会见爱国将领戈麦斯，秘密商定另一个计划。1895 年 1 月 29 日，他签发了国内起义的命令。不到一个月，古巴全国就爆发了全民起义。起义人民冲进殖民者的庄园和糖厂，痛痛快快放一把火，烧得殖民者焦头烂额，嗷嗷直叫。

在这个关键时刻，马蒂和戈麦斯回来了。他们跳下小船，跪下亲吻了阔别的祖国土地，立刻拿起武器，投入激烈的战斗里。

这一年 5 月 19 日，西班牙殖民军开始反扑。马蒂冲锋在最前面，不幸被一颗罪恶的子弹击中，牺牲了宝贵的生命，年仅 42 岁。人民不会忘记他，为他建立了塑像，作为永远的纪念。

特别值得一提的是，在反对西班牙殖民者的两次独立战争中，许多在古巴的华工也积极参加了战斗。哈瓦那的一个广场上，矗立着一座黑色圆柱形大理石纪念碑，上面镌刻着"旅古华侨协助古巴独立记功碑"13 个大字。碑座上镶嵌着一块铜牌，上面用西班牙文刻着古巴民族英雄何塞·马蒂的战友，一位革命将军的名言："没有一个古巴华人是逃兵，没有一个古巴华人是叛徒。"

想一想

? 何塞·马蒂为什么得到古巴和世界人民的尊敬？

一艘军舰爆炸事件，揭开了一场美西大战

神秘的"缅因"号爆炸

1898年2月15日，古巴哈瓦那港口突然发生猛烈的爆炸，震得房屋咯吱响，惊动了所有人。

这是怎么一回事，是一个弹药库爆炸了吗？不是的，这次爆炸来自一艘名叫"缅因"号的美国军舰。爆炸十分猛烈，整个舰身被炸得粉碎。全舰官兵335名，有260人被活活炸死。当时古巴是西班牙的殖民地，局势十分动荡。这艘军舰是以保护美国侨民的名义开到这儿来的，想不到到达这里才20天，甭提保护好什么侨民，自己反倒被炸上了天。

啊，这可不是一件小事情。事件发生后，美国和西班牙都展开了调查。

美国宣布调查结果，认为军舰是中了一个水雷爆炸的。哈瓦那港内，哪来的水雷？当然责任在西班牙，说不定就是它捣的鬼。西班牙说，这是军舰内部爆炸，应该由美国自己负责，和西班牙没有一丁点儿关系。

公说公有理，婆说婆有理，到底是怎么一回事？永远也说不清楚。

说不清楚，就打吧！西班牙不愿意打，美国却早就摩拳擦掌，准备大打一场了。为什么一个怕打，一个想打？因为老牌殖民主义帝国西班牙早就走了下坡路，好像一个奄奄一息的老狮子，没有力量打仗了。美国却像一颗冉冉升起的明星，正准备找机会朝外发展呢。要想对外发展，首先就遇着往昔独霸美洲的大霸王西班牙，和西班牙的矛盾摩擦是不可避免的。

古巴紧紧挨靠着美国的佛罗里达半岛，把守着佛罗里达海峡的大门，是墨西哥湾通往欧洲的航线的必经之路，战略位置十分重要。早在1805年，美国第三任总统杰斐逊就说过，如果能够占领古巴，就能保卫佛罗里达半岛和密西西比河口的安全，美国就能成为一个前所未有的强国了。

现在发生了这件事情，岂不正好作为向西班牙开战的借口吗？一些一

1898年美西战争期间西班牙漫画：西班牙女斗牛士。西班牙国旗写着"西班牙永远万岁"。1898年美西战争中，西班牙处于劣势，战败后丧失了其美洲殖民地。（文化传播／FOTOE）

心一意想对外扩张的人，就大声叫喊起来，提出要为"缅因"号复仇，把西班牙从古巴和美洲赶出去。

一连串针对西班牙的行动紧锣密鼓地进行着。3月27日，美国向西班牙提出，立刻结束镇压当地人民的行动，取消集中营法。西班牙不敢惹美国，马上一一照办了。可是美国还不满意，干脆就在4月25日正式宣战。

美国进攻的矛头，直指西班牙的两个海外殖民地古巴和菲律宾。其实在宣战前，美国太平洋舰队司令杜威就接到秘密命令，一旦打起来，立刻进攻菲律宾马尼拉湾内的西班牙舰队，登陆占领马尼拉。

杜威做好准备，美国刚刚宣战，就率领舰队从香港启航，连夜赶到菲律宾。西班牙人还没有反应过来，就被闪电般偷袭的美国舰队打得七零八落，一下子灰飞烟灭。

美国在遥远的菲律宾取得辉煌胜利，对付家门口的古巴却没有那样顺利。这里是西班牙在新大陆的老巢，自哥伦布时代以来，就加强修筑防御工事，使它成为易守难攻的堡垒。其中，东南部的圣地亚哥港，防备特别严密。美国舰队围着港口团团转，也瞅不着一个空子，只好在外面紧紧围住，不放西班牙舰队出来。

这样不知不觉围困了一个多月，双方还是内外对峙着，谁也奈何不了谁。最后，西班牙人终于憋不住了，冒险冲了出去。美国人等的就是这一刻，立刻在海上截住厮杀。结果，西班牙舰队全军覆没，美国人取得最后胜利。失去了海军掩护的圣地亚哥港，再也不是不可攻破的堡垒。交战中西班牙人抵挡不住美军的攻势，没法继续坚持下去，只好挂起白旗投降了。

1898年10月1日，美、西两国撇开古巴和菲律宾，在巴黎举行双边和谈，12月10日签订了《巴黎和约》。根据条约，西班牙"自愿"放弃在古巴的一切权益，承认古巴独立，在古巴政府建立前由美国管理。可是战后美国并不撤军，继续霸占在这里。1901年又强迫古巴答应，未经美国允许，不得和其他任何国家签订条约或借款。美国有权在古巴修建军港、租借煤站及军事基地，实际上把古巴当成了自己的殖民地，直到今天还保留了一个关塔那摩军事基地。

与此同时，美国付给西班牙2000万美元作为"补偿"，得到了菲律宾。西班牙又把太平洋上的关岛、加勒比海上的波多黎各也转让给美国。此外，在美西战争期间，美国趁机在太平洋上兼并夏威夷群岛和战略要地威克岛，真是发了。

杰斐逊总统的梦想实现了，美国终于得到了梦寐以求的古巴，完全控制了佛罗里达海峡的进出口，代替西班牙充当起拉丁美洲的新宪兵，从此开创了美洲历史的一个新纪元——美洲成了美国的后院。

一般认为"缅因"号事件引起的美西战争，是世界进入帝国主义时代的标志。从此以后美国迅速上升，成为世界主要强国之一，特别注意争夺制海权，逐渐发展成为后来的超级大国。

想一想

美国是怎么开始取得海上霸权的？

他不屈不挠斗争，解放了半个南美洲

"解放者"玻利瓦尔

　　新大陆，从前是西班牙和葡萄牙的殖民地，不管是当地印第安人，还是土生白人、被贩卖来的黑人，都受到残酷剥削压迫。漫漫殖民统治，哪一天才能结束，苦难日子什么时候才能到头？

　　1783 年 7 月 24 日，委内瑞拉的加拉加斯城，一个土生白人庄园主家里，生下一个孩子，名叫西蒙·玻利瓦尔。别看他的家庭还算富裕，也遭受了西班牙殖民当局的歧视和压迫，窝了一肚子气。小小的玻利瓦尔在这样的环境里成长起来，每天听到的都是殖民者的罪恶，从小就产生了反抗心理。长大以后他到欧洲留学，接受了许多革命思想，特别是法国大革命，在他的心里产生了极大的共鸣。1806 年，玻利瓦尔回国后，立刻投身进反抗殖民统治、争取民族独立解放的斗争中。面对祖国被奴役压迫的现实，他走上山参加革命斗争，立下了著名的誓言："只要祖国一天不从西班牙统治下获得解放，我就要奋斗一天。"

　　1811 年，经过不懈斗争，委内瑞拉终于暂时摆脱了西班牙的殖民统治，成立了以弗朗西斯科·米兰达为领导的第一共和国，公布了大快人心的《独立宣言》。可惜第二年新政权就被镇压失败了，革命领袖米兰达被投入狱中，玻利瓦尔不得不逃往国外暂时躲避。

　　玻利瓦尔没有失望，很快就回国继续坚持战斗。1813 年，他率领革命军解放了故乡加拉加斯等地，又建立了第二共和国。在战斗中，他大声疾呼，号召人民起来："向可恨的奴役者宣布一场决死战。"由于这个响亮的口号，他获得了光荣的"解放者"的称号。

　　你死我活的革命斗争是残酷的。西班牙殖民当局不愿意退出历史舞台，百倍疯狂朝革命政权反扑。没有多久，第二共和国又在激烈争斗中被颠覆了。玻利瓦尔再一次逃亡，逃到加勒比海上的海地和牙买加。这时候，海地已经彻底摆脱殖民统治，在拉丁美洲第一个独立了。玻利瓦尔在这里受到欢迎，得到海地人民支持，带领一支200多人的武装队伍，再一次回国进行斗争，悄悄在奥里诺科登陆。

他吸取了前两次失败的教训，做出了两个非常重要的决定。

第一条，宣布废除奴隶制，取消印第安人的人头税，没收西班牙殖民者的财产和土地，分给无地农民。这样一来，独立解放运动不再是少数革命者孤孤单单的斗争了，社会各阶层广泛支持，纷纷拿起武器参加战斗，革命力量大大加强了。1818年10月，奥里诺科河下游一个小城里，第三共和国成立了。

第二条，把反抗西班牙殖民者的斗争，打出国界去，扩大到周围地区。玻利瓦尔对大家说："从前我们只盯住自己祖国的解放，没有争取更加广泛的支持，也没有在更加广阔的范围里打击敌人。现在我们应该把解放邻近所有的地方作为斗争的目标，不达目的誓不休。"

玻利瓦尔说的邻近地区，主要是指和委内瑞拉一山之隔的哥伦比亚。他一时没法在委内瑞拉取胜，就把斗争的战场转移到哥伦比亚去，将反抗西班牙殖民统治的烈火燃烧得更广更旺。

1819年5月，他带领一支精悍

西蒙·玻利瓦尔（1783—1830），拉丁美洲著名的革命家、军事家。由于他的努力，委内瑞拉、秘鲁、哥伦比亚、厄瓜多尔、玻利维亚和巴拿马六个拉美国家从西班牙殖民统治中解放出来，获得独立。（文化传播/FOTOE）

小知识

圣马丁 圣马丁将军是西班牙殖民时期南美独立战争领袖之一，领导了阿根廷反对殖民统治的斗争，还解放了智利和秘鲁。

的队伍，克服了重重困难，翻过了积雪的安第斯山，突然出现在山那边的哥伦比亚，打了西班牙殖民者一个冷不防。1819 年 8 月 7 日，玻利瓦尔赢得了具有决定意义的波亚卡战役，一口气攻占了哥伦比亚首府波哥大。这是整个斗争的转折点，西班牙殖民军在他的打击下，再也抬不起头了。紧接着，玻利瓦尔转过身子，杀回委内瑞拉，来了一个回马枪，终于解放了全国，巩固了年轻的共和国。

祖国已经解放了，可以歇气了吗？不，玻利瓦尔十分清醒。如果不在南美洲北部彻底打垮西班牙殖民势力，刚刚建立的共和国是不稳定的，敌人还可能卷土重来。他是人民尊敬的"解放者"，也得解放周围一切被奴役、被压迫的人民呀。

向前进！追赶着狼狈逃跑的西班牙殖民者狠狠打，一刻也不能放松。玻利瓦尔带领胜利的革命军，又翻过安第斯山，顺着起伏不平的西麓一直往前追，乘胜解放了厄瓜多尔。追呀，追呀！别歇气！宜将剩勇追穷寇，别让敌人喘息。玻利瓦尔振奋起精神，领兵一直打进秘鲁，和南美洲南部独立革命领袖圣马丁的队伍胜利会合，共同围攻死守在最后的据点里的西班牙殖民军。1824 年，革命军解放了秘鲁，在战斗过程中，还解放了另一个地方。为了感谢他的功绩，这儿独立建国后，就取名叫作玻利维亚。

人民信任的"解放者"玻利瓦尔，无愧于这个光荣的称号，得到南美洲各国人民的尊敬。不管哪个国家的人民，永远记得这个不屈不挠坚持斗争，打破西班牙殖民者套在他们脖子上的枷锁，把他们从奴役下面解放出来的"解放者"。

想一想

为什么人们把玻利瓦尔叫作"解放者"？

一边是非洲长矛，一边是欧洲枪炮

悲壮的祖鲁战争史诗

啊，祖鲁。

啊，阿马祖鲁。

祖鲁是谁，是一个人吗？

不是的，这是南非一个小小黑人王国的名称。

"祖鲁"的意思是"天堂"，"阿马祖鲁"的意思是"天堂里的人民"。听了这个名字，人们就会忍不住发出衷心赞美。那儿的土地不知多么美丽，生活在那儿的人民必定无比幸福。

是的，在欧洲殖民者没有侵入的时候，这里的确是一片天堂似的美好家园。人们生活在这里，日子像蜜糖一样甜滋滋的。可惜的是，晴朗的天空也会出现乌云，祖鲁人的平静生活，一下子被远方地平线上卷起的一阵风暴打破了。

这是非洲原野上的龙卷风吗？

不是的，这是外来侵略者进攻的号角。

这是邻近部落擂响的隆隆战鼓吗？

不是的，这是白皮肤欧洲殖民者进攻的炮声。

要说这一切，咱们还得先简单介绍一下陌生的祖鲁民族才行。

祖鲁在哪儿？祖鲁人是什么民族？

祖鲁人是南非土著班图人的一支。班图语系的民族有许多支系，在南非大陆分布很广。祖鲁人就是其中的一个分支，散布在南非的斯威士兰、莱索托、莫桑比克和南非共和国东北部地区。

由于社会发展进程缓慢，直到18世纪末到19世纪初，生活在无忧无虑的原始天地里的南部班图人，才开始逐渐演变。原始社会慢慢瓦解，出

国王恰卡，南非祖鲁人的国王，以军事才能著称。（文化传播/FOTOE）

小知识

丁干日　1838 年 12 月 16 日，祖鲁人和布尔人在恩康姆河湾的战斗中，表现出大无畏的英雄气概。为了纪念这次战斗，人们就把 12 月 16 日定名为"丁干日"，作为南非人民英勇抗击外来侵略的象征。

现了部落联盟和国家的雏形。

1817 年，南班图人部落联盟的酋长丁吉斯瓦约在部落斗争中战死了，祖鲁部落的恰卡继承了他的位子。1819 年，恰卡战胜了最后一个不肯归顺的部落，统一了一大片地方，建立了一个王国。

恰卡是怎么战胜别的部落的？有一个"秘密武器"。

原来从前班图人战斗，都是握着投枪和斧头，只凭一个人的力量单打独斗。打仗不是打猎，就是打猎也得组织起群体的力量，才能战胜凶猛的狮子和花豹呀。恰卡针对这个弱点，组织起战斗队形，还改进了武器，把进攻性的长矛和防御的盾牌结合在一起，大大加强了战斗力，所以就能所向披靡，战胜周围所有的部落，建成自己的国家了。

恰卡死后，他的弟弟丁干当了大头领。就在丁干统领整个部族，埋头建设自己的国家的时候，战争的乌云从天边出现了。

那是西北边布尔人发动的。

布尔人是谁，也是当地一个部落吗？

不是的，他们是从遥远的欧洲来的荷兰移民的后裔。

早在 1652 年，荷兰东印度公司就在南非大陆最南边的海角建立了第一个白人定居点，称为开普敦，就是"海角之城"的意思。不消说，荷兰人也在这里开辟了正式的殖民地，把附近一片地方统统叫作开普殖民地。

随着荷兰移民一天天增加，这块殖民地渐渐繁荣起来，不仅是联系南非和欧洲母土的纽带，还成为进一步发展殖民的活动中心。这些荷兰移民眼见这儿气候温和，土地肥沃，出产丰富，开始一步步往外发展，强占土著的土地，逼迫他们劳动，建起了许多奴隶农场和牧场，过起了丰衣足食的庄园奴隶主的日子。所以人们把他们叫作布尔人，就是"农民"的意思。

非洲祖鲁人的村庄。（文化传播 /FOTOE）

俗话说，螳螂捕食，黄雀在后。布尔人在这儿的好日子没有多久，倒霉的日子就开始了。新兴的大英帝国跟着他们的脚步赶来，1785 年打入了开普殖民地。1815 年英国干脆把这个肥美的地方据为己有，建立起自己的殖民政府，剥夺了布尔人的行政权和司法权，规定英语为官方语言，用英镑代替荷兰盾。通过丈量土地，英国对布尔人的庄园征收租税，打破了布尔人的平静生活。布尔人在这里混不下去，就赶着大车，纷纷迁往北方，挤压南非土著，寻找新的安身场所。

布尔人瞄准的目标，就是东北方的祖鲁王国。布尔人失去了开普殖民地和开普敦港口，希望在这里得到补偿，占领这一片肥美的土地，重新建立庄园；同时在印度洋边开辟一个新的出海口，代替失去的开普敦。

侵略祖鲁的殖民战争就这样爆发了。酷爱自由的祖鲁人，不甘心放弃自己的土地，更加不愿意做奴隶，在部落首领丁干的带领下，奋起反抗。

他们依靠非凡的勇气，接连几次打败了自以为了不起的布尔人。

咦，这是怎么一回事？布尔人做梦也没有想到，这些黑皮肤祖鲁人胆敢反抗，更加没有想到这些手持落后武器的祖鲁人，居然打败了自己。布尔人没法可想，只好勾结把自己赶出来的英国佬，联手对付不肯降服的祖鲁王国。英国佬当然也有自己的小算盘，乐得点头做好人。两个殖民强盗一拍即合，从两个方向前后夹攻祖鲁人。

啊，这是一场力量多么悬殊的战斗呀。一边的武士脸上涂绘着象征勇气和幸运的花纹，赤裸着身子，握着原始的长矛和牛皮盾牌，高声呐喊着，成排成列、前赴后继往前冲锋。一边架起大炮、端着火药枪，冷酷地瞄准了射击；只要瞧见对手的冲锋浪潮被抑制下去，就放出精锐骑兵，在炮火掩护下追杀，干脆利落结束战斗。

噢，这哪里叫作战争，简直就是一场血淋淋的大屠杀。战场上的祖鲁武士不知倒下了多少，不得不向背后的山区和密林转移，舔干了身上的血迹继续战斗。

不肯屈服的祖鲁人还在咬牙坚持战斗，不料他们的首领丁干在这个节骨眼儿上突然死了。接替他的弟弟姆潘达是一个胆小鬼，竟认贼作父投降了布尔人，换取布尔人的承认，做低声下气的傀儡国王。

祖鲁人愤怒了。

姆潘达的儿子开芝瓦约也非常气愤，决心寻找机会进行反击，踏着恰卡和丁干的脚步，把维护部族独立的事业继续下去。不久，他代替姆潘达掌了权，就一步步实现自己的计划了。

他想，要打败武装到牙齿的敌人，必须像恰卡那样，从建立军队和改善

19世纪，非洲祖鲁武士的牛皮盾牌、投枪、矛刺。（文化传播/FOTOE）

武器入手。在热爱自由的祖鲁人的支持下，他不仅顺利征募了一支军队，还通过种种办法，弄到一些新式火药枪，代替了落后的长矛。

小知识

布尔战争　1899 年，英国对南非布尔人的战争。1902 年布尔人战败，所建立的德兰士瓦和奥兰治自由邦被英国吞并。

这时候，整个南非的主人已经从原先的布尔人，改换为更加凶狠的英国人了。英国殖民当局眼见祖鲁人在开芝瓦约的领导下，一天天壮大起来，就在 1878 年 12 月发出最后通牒，限令祖鲁人在一个月内解除武装，完全归顺英国管辖。

不，开芝瓦约干脆利落地拒绝了英国殖民当局的无理要求。英国佬恼羞成怒，第二次祖鲁战争爆发了。

这一次的战斗，比迎战布尔人更加艰苦。英国殖民当局开动了全部战争机器，派遣上万装备精良的正规军，连续两次入侵祖鲁人居住的地方。不肯屈服的祖鲁战士在开芝瓦约的带领下，表现出大无畏的精神，迎着敌人的炮火冲上去，抵挡住敌人的一次次进攻，还巧妙地进行偷袭和近距离白刃战，打得英军心惊胆战。虽然自己牺牲了不少人，却也歼灭了大批英军，挫了这些骄横的敌人的锐气。

不幸的是，1879 年 7 月，在最后一次会战里，祖鲁战士的血肉之躯抵挡不住英军的密集炮火，成批成批倒下去，开芝瓦约也不幸被俘。一场悲壮的战争，终于以无数祖鲁战士的死亡和祖鲁王国丧失独立暂时告终。

不，祖鲁人依旧没有屈服，新的斗争又以不同的方式开始了。经过艰苦斗争，一些祖鲁人和巴苏陀人联合在一起，终于在 1966 年宣告独立，建立了周围被南非领土包围的莱索托王国。

想一想

祖鲁人是怎么坚持独立斗争的？

天网恢恢，疏而不漏

刽子手戈登的末日

爱国的中国孩子，你可知道戈登？

牢牢记住他，千万别放过了这个双手沾满了中国人民鲜血的刽子手！

这是一个英国流氓。19世纪中叶，他组织了一支号称"常胜军"的"洋枪队"，帮助清朝政府残酷镇压太平天国革命运动，欠下了一笔血债。他被清朝政府赏赐了黄马褂、孔雀花翎，外加提督官衔，风光极了。

常言道：善有善报，恶有恶报；不是不报，时候未到。又有一句话说：天网恢恢，疏而不漏。这个家伙在中国干尽了坏事，会有好报应吗？

绝对没有！老天爷睁眼。戈登洋洋得意地从中国窜到非洲的苏丹，还想照样干一手，不料被愤怒的苏丹人民活活打死了。现在我们就来看他的罪恶历史和下场吧。

这个家伙，一生下来就没有干过好事。他的爸爸是英国皇家炮兵部队的中将，也是靠镇压殖民地人民爬起来的。戈登从军校毕业后，进入皇家工兵部队，1854年自告奋勇加入英国远征军，到克里米亚和俄国打仗。

1860年，第二次鸦片战争期间，戈登随着英法联军，加入了火烧圆明园的罪恶活动。他在日记里不打自招地写道："洗劫之后放一把火，以最野蛮的方式毁坏这些最宝贵的财产……每个人都像发疯一样抢劫。"不消说，所谓"每个人"，当然也包括他自己，他必定也狠狠捞了一把。这笔账，也得向他彻底清算才行！如果去抄他的狗窝，没准儿还有从圆明园劫夺的赃物。

戈登从圆明园出来，转身就跑到上海，正好遇着太平天国忠王李秀成把清军打得落花流水。清朝政府公开乞求在上海的英法联军"派兵助剿"。可是英、法两国当时还和清朝政府处在战争状态呢，怎么会接受这个荒唐的"邀请"？清朝的两江总督何桂清转念一想，想出一个不要脸的坏点子，就命令江宁布政使薛焕和上海道台吴煦筹集一笔钱，招募洋人当兵。他们先找到一个美国流氓华尔，在租界酒吧里招募了几百个游手好闲的西洋痞子，组建了一支"洋枪队"，取名叫作"常胜军"。没有多久，华尔被打死了，"洋枪队"换了另外一个美国流氓白奇文当头子，这人却不顶用。李鸿章连忙请求英军司令帮忙，挑选了戈登这个家伙接班。李鸿章一瞧见他，不由眼睛一亮，觉得他"人品端正""熟悉军事"，和华尔、白奇文那帮流氓不一样，把全部希望都寄托在他身上。

戈登上任以后，就对太平天国发动疯狂进攻。说他血债累累，是镇压太平天国起义的屠夫，半点也没有冤枉他。

事情总是两面性的。他在中国人民的眼里，是一个万恶的刽子手。想不到英国竟用另一种眼光注视他。当他回国后，立刻被提升为中校。英国女王居然还以他在中国"有功"，封他为"名誉勋爵"。英国社会也用"中国人戈登"来称呼他。不言而喻，他的功名就是在中国挣来的。

呸！他有什么资格叫作"中国人"？中国人民把他恨得牙痒痒的，恨不得扒了他的皮呢。是非黑白清清楚楚，有什么"功劳"可言？

戈登回国后，起初在国内干事，后来结识了埃及总理，受邀到苏丹的赤道省担任总督，翻开了他人生的另一页历史。

那时候，埃及在英国的"势力范围"内。埃及政府派他到苏丹去，实际上也就是为了英国的殖民利益。戈登扮演的角色，和他在中国的所作所为一样，同样是帝

晚清，"常胜军"在英国洋枪队的帮助下进攻被太平军占领的城市。"常胜军"，中国清政府联合外国势力组成的一支装备近代武器、用以镇压太平天国起义的雇佣军。（文化传播/FOTOE）

国主义侵略亚非国家的走卒。

1880 年，苏丹爆发了一场声势浩大的起义。一个名叫马赫迪的苦行僧，像中国太平天国的领袖洪秀全一样，以宗教为号召，反对压迫穆斯林，带领人民起义，争取民族独立。他们披着白袍，手持长矛和弯刀，呼喊着狂热的宗教口号，像潮水一样冲上战场，埃及军队根本就不能抵挡。一座座城镇被起义者占领，最后只剩下首都喀土穆，像漂浮在起伏汹涌的波涛上的一片树叶，形势非常危急。

防守喀土穆的就是戈登。他本来已经结束了在苏丹的任期，返回了英国。因为这儿发生起义，英国政府找不到别的人，又挑选他出山，充当了同样的"救火队员"，赶到苏丹，企图挽救形势。

如火如荼的苏丹人民大起义，戈登一个人镇压得了吗？戈登无可奈何，只好死死守住这座孤城等待援兵。一天天过去，他苦苦支撑了 300 多天，还是望不见半个援兵。

1885 年 1 月 26 日，苏丹起义军对喀土穆发动最后的总攻，排山倒海般冲向城边。惊慌失措的守军只抵抗了几个小时，这座城就被攻破了。起义士兵冲进总督府，满怀仇恨到处寻找戈登，要向他算总账。戈登眼见无路可走了，只好硬着头皮走出来，提着一把指挥刀，等待着自己的死亡来临。一个起义头领大喝一声："该死的家伙，你的末日到了！"说着就扔出手里的长矛，刺穿戈登的胸膛，紧接着又有两支长矛从后面飞来刺中了他。起义的人群一拥而上，砍下他的脑袋，高高挂在树上示众。这个在中国欠下血债、恶贯满盈的刽子手，没有逃脱正义的惩罚。苏丹兄弟为中国人民复了仇，终于要了他的狗命！这真是应了一句老话，多行不义必自毙。

想一想

？ 戈登一生干了些什么坏事？

一颗英雄头颅，越过重洋魂兮归来

姆克瓦瓦的头颅

请听，这是一个英雄回家的故事。

这是英雄骑着白马，在万众欢呼声中，带着微笑凯旋的故事吗？

不是的。这是英雄马革裹尸、魂归故里的故事吗？

有一点像，却又不完全如此。那不是躯体从战场上被直接运回故乡，真正的马革裹尸，而是死后阔别故乡许多年，一颗头颅被送回家乡。

啊，这是怎么一回事？一颗头颅怎么还乡？这还得从头说起。

这是坦桑尼亚民族英雄姆克瓦瓦的头颅，从遥远的德国隆重返回故乡。

坦桑尼亚在东非，从前分为大陆上的坦噶尼喀、海上的桑给巴尔岛两部分。姆克瓦瓦是坦噶尼喀一个赫赫族酋长穆尼古姆巴的儿子，他和父亲一起征服了旁边一些部族，共同建立一个黑人国家。

1879 年，姆克瓦瓦接替父亲即位后，把国家治理得越来越好，名声远扬，受到人们尊敬。坦噶尼喀的许多事情，离开他就办不成。

这时候，德国跟随着其他欧洲列强的脚步，也向非洲伸出了手。起初，它派出一支武装"探险队"，闯进坦噶尼喀内地，一路上到处烧杀抢掠，威逼一些酋长，签订了一个个"永远友好"的条约，以欺骗

绘画：1871 年 11 月，英国探险家亨利·斯坦利在坦桑尼亚乌基吉小镇发现英国传教士、非洲地理考察家大卫·利文斯敦。（文化传播 /FOTOE）

117

的手段，占领了 15 万平方千米的土地，作为立足之地。

接着它模仿荷兰东印度公司和英国东印度公司的办法，依葫芦画瓢，也成立一个"德国东非公司"，戴上假笑的奸商面具，代替强盗的狰狞面孔，打着发展贸易的幌子，继续发展自己的势力，打算强占整个坦噶尼喀和桑给巴尔，作为它的殖民地。

德国瞄准的，就是浅浅一水之隔的坦噶尼喀和桑给巴尔。请看，他们是怎么在这儿做生意的吧。为了达到不可告人的目的，他们派出一支支"商队"，带着镜子、小刀一类的廉价小玩意儿，深入坦噶尼喀和桑给巴尔内地，一面和当地部族交换货物，换回珍贵的香料、宝石、象牙，狠狠捞一把，一面到处侦察地形，拉拢头人，为进一步侵略做准备。

既然是商人，就该尊重当地的权力机构，遵守当地的法律才对，可是德国人却在一些港口扯下当地的国旗，换上"德国东非公司"的旗帜，傲慢地摆出了主人的姿态。当地老百姓忍无可忍，一起聚集在港口，包围了乘着军舰来的德国专员，要他赔礼道歉。在这个关键时刻，想不到无耻媚外的桑给巴尔苏丹，竟派军队来驱散群众，解救被围困的德国专员，反倒向他表示歉意。

这件事无异于火上浇油，老百姓一下子被激怒了，干脆不听他的，另外推选一个叫阿布希里的人，领导大家和德国人斗争。阿布希里带领民众走上了武装斗争的道路，拿起简陋的武器，和德国殖民者对抗，可惜双方力量悬殊，没有多久就失败了。阿布希里也被抓住，遭到残酷杀害。

坦噶尼喀人民没有屈服，继续开展反抗德国殖民者的斗争。斗争得要领袖人物，大家不约而同把新的希望寄托在姆克瓦瓦的身上。

姆克瓦瓦早就看穿了德国殖民者的真面目，也懂得斗争的策略。既然德国人要进入坦噶尼喀内地做生意，姆克瓦瓦就设立关卡收税，最后干脆封锁道路，不准德国商人进入，大大损害了德国殖民者的利益，把他们气坏了。

1891 年，德国驻坦噶尼喀和桑给巴尔的专员柴列夫斯基，十分傲慢地通知姆克瓦瓦去开会谈判，规定只准姆克瓦瓦一个人去，带一包象征土地的泥土去。哼，这是什么意思，岂不是叫姆克瓦瓦低头投降吗？

姆克瓦瓦不吃他这一套，派人送给柴列夫斯基一支箭，意思是要打就打吧，表现出斗争到底的决心。双方谈不好，只有动手打了。

德国殖民者做好了准备，立刻派遣一支装备精良的军队，直朝赫赫族居住的地方扑来。一场正面交锋，只有梭镖、弓箭的赫赫族吃了大亏，接连打了几个败仗。德国讨伐队步步紧逼，一直挺进到赫赫族王国的腹地。姆克瓦瓦吃一堑，长一智，不再像从前部族斗争一样，摆开阵势面对面厮杀，利用熟悉的地形和茂密的丛林掩护，开展机动灵活的游击战和伏击战。

1891年8月16日，柴列夫斯基亲自率领上千名士兵，大摇大摆开来，不知不觉钻进了姆克瓦瓦布置的埋伏圈。姆克瓦瓦眼看敌人钻进了口袋，果断地一声令下，士兵们立刻射出一阵箭雨，射倒许多猝不及防的德国兵。手握长矛的战士接着冲杀出来，和敌人展开了惨烈的白刃战。敌人的炮火完全失去了作用，只好硬着头皮和这些从天而降的黑皮肤武士直接拼杀。谁的长矛或者刺刀锋利，谁的气势压倒对手，谁就能取得胜利。

这场战斗以德国殖民军大败而结束，被打死200多人，还被缴获了几百支步枪、三门大炮和许多弹药，大大长了赫赫族的志气。德国殖民者威风扫地，接连三年都不敢再来侵犯姆克瓦瓦领导下的赫赫族王国了。

约19世纪末，非洲坦噶尼喀（今属坦桑尼亚），土著武士与由欧洲军官率领的斯瓦希里军队在混战。东非艺术家绘画。坦噶尼喀，当时是德国的保护国。图中全副武装的斯瓦希里军队是由黑人组成的。斯瓦希里人是非洲东部地区的跨界民族。（文化传播/FOTOE）

小知识

赖尼莱阿里沃尼 东非马达加斯加抗法战争领袖，1895年不幸被俘牺牲。
吉莱波伟 东非马拉维反抗英国殖民者，武装起义领袖，1915年在战斗中牺牲。

这一战为姆克瓦瓦赢得了宝贵的时间，他加紧修造了一道城墙，保护城内的王宫和老百姓。

三年后，德国殖民者又进犯了。赫赫族战士在姆克瓦瓦的带领下，依靠城墙保护，沉着应战，支撑了好几天。可惜这种阵地战不适合他们，城墙防线最后被攻破。德国兵进城后又烧又杀，彻底拆毁了城墙。姆克瓦瓦不得不领着残余的人马，退入丛林继续坚持战斗。德国殖民者把他恨得牙痒痒的，悬赏5000卢比，购买他的脑袋。

姆克瓦瓦藏在丛林里，一直坚持了好几年斗争，不幸在1898年6月被叛徒出卖，被德国兵紧紧包围住，没法冲出去了。姆克瓦瓦眼看突围无望，战斗到最后时刻，勇敢地举枪自杀，决不做俘虏。

德国殖民者高兴极了，割下他的脑袋，送回德国首都柏林，炫耀自己的"辉煌战果"。坦噶尼喀人民没有忘记他，为他举行了隆重的葬礼，深深怀念这位为了民族独立而牺牲的英雄。

1918年，第一次世界大战结束后，德国被打败了，灰溜溜从坦噶尼喀和桑给巴尔这块东非殖民地撤退。

他们就这样拍一拍屁股走了吗？

不成！坦噶尼喀人民不答应，坚决要求德国归还姆克瓦瓦的头颅。可是德国故意拖延，一直拖着不给，直到1954年6月，原来的西德政府才不得不交出来。坦噶尼喀人民举行了盛大的仪式迎接英雄的头颅归来，专门修建了一座庄严肃穆的纪念馆，安放这颗高贵的头颅。

想一想

坦噶尼喀人民为什么坚决要求德国归还姆克瓦瓦的头颅？

120

他是黑人国王，白人少管闲事

英勇不屈的贝汉津王

贝宁，美丽的西非国家。

贝宁，酷爱自由的国土。

人们来到贝宁，首先要看的是什么？

热情的导游会带你去参观有名的冈维水上村庄，再去拜访有名的科托努港市，瞻仰民族英雄贝汉津王的塑像。

请你仔细看吧，这些都是贝宁人民争取独立自由的象征。

贝宁共和国，从前叫达荷美，紧挨着大西洋，沿海平原上有许多大大小小的湖泊。冈维水上村庄在昔日的首都科托努北边不远的地方，不仅风光美丽，还有一段难忘的历史。

据说在17世纪开始的时候，北方一个王国称霸，不断南下骚扰，占领达荷美的土地。当地人民不愿意低头做顺民，就在一位首领的带领下，全部乘坐木筏，逃进这个湖里躲藏。

一片水汪汪的湖里，怎么安身呢？

部落首领想出一个聪明的主意，用一根根木头在水底打桩，上面搭起一座座房屋栖身。

首领对大家说："我们来到这里乃是天意，从此子子孙孙都永远住在这里，即使湖外闹翻了天，也不要去听、去说、去管闲事。只有这样才能永保子孙后代安居乐业过日子，享受自由和平的生活。"

众人早已厌倦了四处逃亡的流浪生活，大家一致表示同意，就在湖心安营

小知识

贝宁共和国　1960年独立，首都在波多诺伏。当时叫作达荷美共和国，1975年改为现在的名字。

121

扎寨。屋前平台上还可以种植蔬菜、饲养家畜家禽，一个个水上村庄渐渐形成了。

过了半个月，敌人赶来了，只见眼前一片湖水茫茫。近处芦苇成丛，远处雾气弥漫，不见半个人影，只好原路返回，不再继续寻找了。

请看，这个美丽的水上村庄，岂不是争取独立自由的象征么？

古代历史过去了。进入了近代，外来侵略者又给达荷美人民带来新的灾难。

这是欧洲的殖民强盗。

从 15 世纪所谓的地理大发现开始，一批批西欧来的殖民强盗，包括葡萄牙人、荷兰人、英国人、法国人，驾着船，带着枪，来到美丽富饶的达荷美，有的在这里寻找黄金、抓奴隶，有的干脆霸占着不走，把这儿当成他们的殖民地。

其中，法国殖民强盗特别可恨，起初来了一些奴隶贩子，接着又拥来一些手持十字架的传教士。在武装保护下，他们在达荷美沿海最富庶的地方，开辟了一个个居留地，企图赖在这里不走。1686 年，法国殖民者强迫达荷美国王格莱莱签订一个条约，把出海口科托努划给法国人居住；1878 年再签订一个条约，正式肯定法国人在这里居留的权利。

他们瞧见达荷美国王软弱可欺，又得寸进尺提出要求，蛮横地要在这

西非贝宁象牙买卖的场景，法国巴黎国家自然博物馆藏。图中代表荣誉的遮阳伞下，有英国、荷兰或其他"保护国"的殖民者。（文化传播 /FOTOE）

里驻兵、设立关卡。

这时候，格莱莱国王已经老了，由孔多太子处理这件事情。孔多太子早就恨透了这些法国殖民强盗，毫不客气地回答："达荷美的土地，一寸也不能让给你们。"他同时义正词严地告诉法国使者，1878年的不平等条约也作废，不准法国炮舰再在达荷美水域活动。

一个月后，老国王逝世，孔多太子即位，称为贝汉津王。他知道法国怀恨在心，必定会来报复，就加强军事训练，积极做好迎接战争的准备。

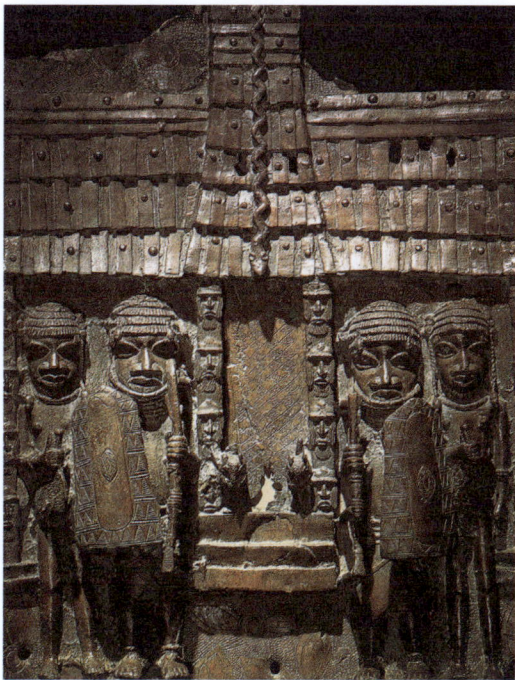

雕塑：西非贝宁王宫的入口，觐见奥巴王的必经之路。塔楼上的蟒蛇是约鲁巴人海神奥拉昆的使者。（文化传播/FOTOE）

没有多久，法国果然派遣一支远征军，在一阵猛烈炮轰后，登陆占领了科托努，进城见人就杀，连孕妇和孩子也不放过。

达荷美人民被激怒了，紧紧团结在贝汉津王周围，向盘踞在科托努的敌人发动反击。英勇的战士奋不顾身，歼灭了两股法军，打得敌人心惊胆战，不得不承认达荷美战士是"作战能力很强的死硬对手"。

可惜在这场战斗中，达荷美战士手中的原始武器抵挡不过法军的凶猛炮火，无法攻破法军防线，收复科托努城。贝汉津王眼见一时无法收复科托努，只好和法国殖民者签订和约，在不影响达荷美基本主权的前提下，承认法国占领科托努。法国每年向达荷美交纳2万法郎作为补偿。

这是一个换取暂时和平的条约，双方都很不满意。对于贝汉津王来说，是一时不能战胜敌人的权宜之计。他需要时间来购买新式武器、训练军队，以图再战。法国人认为自己受了莫大的"侮辱"，占领一个"低劣民族"的地方，凭什么还要缴纳补偿费？议会吵闹起来，认为完全"有权"占领，这大大损伤了法兰西的尊严，因此拒绝批准和约，专门拨款作为军费，准备发动新的进攻。

1892年3月，法国以自己的军舰进入达荷美内河被阻挡为理由，正式对达荷美宣战。

贝汉津王早就有了思想准备，给法国总督回信说："我是黑人国王，白人别管我干什么。如果法国发动战争，一定奉陪到底！……即使打一百年，也决不罢休。"

法国殖民者已经铁了心，不理睬这封义正词严的信，悍然出动军队，在炮舰掩护下，朝达荷美内地进攻。贝汉津王动员了所有的武装，保卫临时首都阿波美。法军一出现，他就指挥战士勇猛冲杀出来，在一场混战中打死打伤700多敌人。法军恼羞成怒，悍然使用当时国际社会禁止的爆破弹，无情屠杀了无数达荷美战士和老百姓，最后终于倚仗强大的火力，攻破了阿波美。

贝汉津王没有屈服，带领剩余的战士退到北方山林，继续坚持斗争。法军用尽一切阴谋诡计，也没法抓着他。人们传说他带着一块法力无边的魔法石，所以才能一次次化险为夷，逃脱法军的追捕，巧妙打击可恨的敌人。

不幸的事情终于发生了。1894年1月，一个叛徒出卖了贝汉津王，他被法军俘虏了。因为他的威望太高了，法国佬不敢把他留在达荷美，先后将他关押在法国马赛、马提尼克岛和阿尔及利亚，最后贝汉津王死在阿尔及利亚的监狱里。

贝汉津王牺牲了，达荷美也沦为法国的殖民地，开始了漫长的苦难岁月。可是人们永远不会忘记贝汉津王。他是达荷美的骄傲，是争取独立自由的民族英雄。

想一想

为什么贝汉津王是达荷美的民族英雄？

这个公司可以养兵打仗，活脱脱一个大黑帮

"英记黑店"东印度公司

请问，世界上最大、业务最广、管得最宽的公司，是什么公司？

是百货公司吗？是财大气粗的石油公司吗？是跨国财团的什么托拉斯公司吗？不是的。有史以来管得最宽的公司，是英国东印度公司。这个公司建立于1600年的最后一天，最早叫作"在东印度群岛贸易的伦敦商人总裁和公司"。啰里吧唆一大串名字，听着叫人头皮发麻，其实就是当时英国商人在东方的总代理公司。

1588年英国打垮了西班牙无敌舰队后，就代替西班牙成为海上新的霸主。它的殖民地遍及世界，号称"日不落帝国"。东方的印度，不消说也蒙上了大英帝国的阴影。东印度公司，就是在这个历史背景里产生的。它的背后有大英帝国的无敌炮舰支持，谁也不敢碰它一下。这些所谓的"伦敦商人"，不仅获得了伊丽莎白女王特许，垄断了印度和整个东方贸易，还可以组织军队保护商业利益，甚至拥有宣战、缔订和约、设立特别法庭的审判权。

什么"商业利益"需要特别保护？按照现代公司的办法，雇佣一些保安就够了。如果还不放心，再请几个武艺高强的保镖，难道还不够吗？

什么公司可以代替政府对别国宣战，审判本国和当地居民？这算是哪门子"公司业务"？

不，他们醉翁之意不在酒。什么公司的"商业利益"？其实就是大英帝国的殖民利益。所谓东印度公司，好比是大英帝国的一个派出所，当然要有全副武装的军队，用炮筒和刺刀支撑起来呀。

1661年，英国国王查理二世娶了一位葡萄牙公主。葡萄牙国王竟把号称"印度西大门"的孟买港作为公主的陪嫁赠送给英国。查理二世也很大方，又随手把它转让给东印度公司。请看，这是怎么一回事？一个国家可以把另一个国家的土地当作礼物送给第三个国家？哪里还尊重当地人民的宗主权？简直是赤裸裸的强盗行为！

东印度公司在英国大使的帮助下，早就在1613年取得印度莫卧儿帝国查罕杰皇帝恩准，在马德拉斯设立商馆，后来又在1698年得到特许，在恒河三角洲修建加尔各答城，加上这个孟买，英国人一下子有了三个活动中心。请你翻开地图看。这三个地方，分别位于印度半岛的东西海岸，拥有最优良的港湾，牢牢控制着阿拉伯海和孟加拉湾的航线。大英帝国通过东印度公司，在这些地方设立了三个管区，各设一名省督管辖，积极修建堡垒和炮台，驻守军队和战舰。哪里是什么商务中心，活脱脱是一个个军事堡垒，进一步侵占印度其他地方的据点。

瞧，东印度公司岂不像一只毒蜘蛛，在印度和东方编织了一张硕大无朋的蜘蛛网？它不仅控制了海上贸易，还有自己的军队，随意干预当地事务，甚至攻打看不顺眼的对象。说白了，就是大英帝国侵略和控制东方的总代理。请问，世界上还有什么别的公司，能有这样大的能量？

东印度公司这样肆无忌惮地发展军事据点，印度不吭一声么？

有见识的印度人感觉不安了。1756年，印度的孟加拉总督向东印度公司提出抗议："你们做生意就做生意，修造军事堡垒干什么？"要求他

东印度公司的商船。成立于1600年12月的东印度公司，原目的在于发展英国对远东及印度的贸易，后来成为英国帝国主义在印度的代理人。（文化传播/FOTOE）

们拆除加尔各答的堡垒，停止在这里的军事训练。想不到傲慢的英国佬压根儿就不理睬。孟加拉总督十分气愤，立刻派兵赶走了英国佬，收复了加尔各答，大灭英国佬的威风，大长印度的志气。

英国佬就这样算了吗？他们才不呢。东印度公司召开紧急会议商量对策。有的主张打，有的主张静候国内支援。狡猾的东印度公司总头目克莱武另有打算。他看出来，对方的兵力有7万人，他们只有900人，即使加上接受训练的印度士兵，也不到3000人。这些本地士兵会不会临阵叛变，谁也说不清；加上本国来的海上补给困难，印度背后还有不安好心眼的法国撑腰。真的硬拼起来，谁能打败谁，还是一个大问号。

为了保护利益，克莱武当然要打。他想出一个坏点子，暂时把真正的炮弹撤在一边，先发射糖衣炮弹，买通孟加拉总督身边的主要军官。一切工作做好了，他才领兵在恒河口登陆。起初很不顺利，但是一些印军败类却在关键时刻发布撤退的命令，使东印度公司军队顺利登陆，重新占领了加尔各答。一场混战中，坚决打击英国殖民者的孟加拉总督也战死了。

脸皮已经撕破了，东印度公司露出了狰狞的真面目。一不做，二不休，干脆先打法国驻军，消除了这个潜在的对手，就可以放手侵略印度了。1849年，整个印度被英国人占领，完全变成大英帝国的殖民地。

大英帝国如愿以偿得到印度这颗东方明珠后，东印度公司怎么办？

喔，它已经完成了历史任务，这块牌子还有什么用处？1858年，英国政府正式取消了这个"贸易公司"的招牌，赤裸裸自己出面，成为印度真正的大老板了。

想一想

东印度公司是一个什么货色？

一个弱女子，一篇反抗殖民者的历史

章西女王葩依

请听，这是一个印度起义英雄的故事。

他是谁？是一位勇敢的武士吗？

不，不是"他"，而是"她"。她是一位土邦的女王，不是赳赳武夫。

请记住吧，她的名字叫拉克希米·葩依，1835 年出生于印度"圣河"边的一座"圣城"瓦拉纳西。17 岁的时候，她嫁给了比她大得多的章西王公，成为章西王后。

这是什么时候，她这个王后管用吗？

噢，这时候英国的魔掌已经覆盖了整个印度，无情地把古老文明的印度践踏在脚下，将它变成悲惨的殖民地。

虽然印度大地上还有一些古代保留下来的土邦，却什么都得看英国主人的脸色。

葩依虽然是王后，哪里比得上往昔的王后那样舒心、那样风光。何况章西只是印度中部的一个小城，有什么威风好说呢？

没有多久，章西王公死了。因为他没有儿子，按照英国殖民者的规定，土邦主权连同所有的土地和人民一起，都得归英国所有。由他们直接派人管理，断绝了土邦的血脉。

葩依已经收养了一个小儿子，已经以养子的监护人的身份，执行女王的权力了。她还要交出所有的一切，乖乖地奉献给英国殖民者吗？

英国殖民者不管这一套，非要她交出权力不可，最后干脆派出武力接管。章西女王愤怒了，义正词严地对英国官员说："我决不放弃我的章西，谁敢占领章西，绝没有好下场。"章西人民全力支持她，宁愿死也不向英国殖民者低头。

这时候，印度各地正在酝酿一场反抗英国殖民者的起义。英国控制的印度军队里，士兵组织了秘密反抗委员会。民间也悄悄传递着荷花，作为起义的信号。

最令人不能容忍的是英国殖民者竟无视印度人民的宗教信仰，不尊重印度教徒不能吃牛肉、伊斯兰教徒不能吃猪肉的教规，在子弹上涂抹了牛油和猪油。印度士兵们要咬开子弹的后盖，就违犯严格的教规了。

1857年3月，英国殖民者判处一个印度士兵死刑。

这一年的5月9日，德里附近一个印度骑兵连，拒绝使用涂了牛油和猪油的子弹。英国军官不仅不收敛，反倒气冲冲，拿着这种子弹在印度士兵们的脸上抹来抹去，肆意侮辱他们。

印度士兵忍无可忍，立刻发生暴动。他们首先占领军事基地，杀光

印度北方邦，恒河边上的瓦拉纳西（以前称贝拿勒斯）城，印度教教徒心中的圣地。（张奋泉/FOTOE）

小知识

印度民族大起义 1857 至 1859 年，印度人民反抗英国殖民者的武装暴动，遍及印度北部和中部许多地方，最后不幸被镇压下去。

英国军官；接着快速攻进德里，引爆了一场轰轰烈烈的反英民族大起义。印度人民早就憋了一肚子气，反抗的火焰很快燃遍了大半个印度。不管印度教徒，还是伊斯兰教徒，并肩战斗在一起，声势越来越浩大。

起来吧！向英国鬼子算总账的时间到了。

章西人民在女王葩依的领导下，也举起了起义的旗帜。第一个目标，就是赶走英国殖民强盗，收复自己的国土。

他们首先占领军火库，打死在章西的英军最高指挥官，迫使被围困的英军投降，完全控制了自己的国土。葩依重新登上了王位。在一片欢呼声中，她大声宣布："世界属于上帝，章西属于我拉克希米·葩依！"

章西女王没有停住脚步，带领自己的子弟兵大踏步打出去，配合其他地方的起义军，共同抗击英国殖民强盗。

狡猾老练的敌人利用起义军缺乏统一领导，采取集中兵力各个击破的办法，首先平定了德里暴动，杀害了成千上万印度起义军民，然后转过身子对付章西女王。

章西女王早就估计到了，准备够粮食和军火，在城头架起了大炮，做好了迎击敌人的准备。

敌人来了，把章西城团团围住，在城外修筑了两座炮台，摩拳擦掌，准备进攻。章西女王不等他们动手，就抢先开炮轰击。双方打了整整三天炮战。女王沉着指挥，最后连续几炮轰去，打平了敌人的一座炮台，轰得英国鬼子抱头乱跑，赢得了第一个回合的胜利。

英国鬼子瞧见她不是好对付的，就瞅准一个漏洞，集中火力轰击防守薄弱的南门。

女王眼看守不住了，连忙派人冲出去，向另外一支起义军的首领托比求援。想不到托比慌里慌张领兵赶来，半路上中了敌人的埋伏，只好退回去了。

没有外援，章西城内的孤军危险了。女王实在没有办法，只好忍痛撤退出来，把城市留给敌人。自己大踏步前进，冲到印度中部的瓜廖尔，和托比的部队会合，集中力量再战。

英国鬼子紧紧追赶着她，也来到这里，围绕着瓜廖尔，展开了一场空前激烈的争夺战。

敌人进攻的矛头，集中在章西女王防守的东门。

1858 年 6 月 18 日，决战开始了。敌人的猛烈炮火打坏了一段城墙，步兵和骑兵做好了攻城准备。

章西女王豁出去了，不等敌人动手，就亲自带领一支骑兵，冲出城墙缺口，直扑敌人的炮兵阵地，一阵凶猛冲杀，杀得敌人鬼哭狼嚎，抱着脑袋四处奔逃。想不到埋伏在旁边的英国骑兵赶来，经过激烈搏斗，反倒把章西女王手下的部队围住，形势陡然发生了变化。

章西女王无法可想，只好自己一马当先，带领部队突围。她勇猛地接连砍倒好几个敌人，可惜在混战中被两个英国人围住。她刚刚躲开一个敌人的砍杀，另一个敌人又举起战刀从旁边砍了下来。

章西女王下意识躲避一下，一不小心被砍中，她的右眼珠竟被劈伤了。她忍着剧痛，咬牙拼命杀死那个敌人，自己也支撑不住，身子一歪就倒下马来。一个战士连忙扶着她，躲进路边一间小屋。

屋里的女主人认出了章西女王，想和那个战士一起抢救她，却不料她失血太多，一下子就停止了呼吸，年仅 22 岁。

章西女王不幸牺牲，这场起义的烈火也被扑灭了，可是她的精神永世长存，活在印度人民的心里。

想一想

章西女王是怎样英勇反抗英国殖民强盗的？

可怜巴巴的天皇，打开国门后来居上

日本明治维新

日本，现在趾高气扬、神气活现的。可是 19 世纪过了一大半时，日本还是一个落后的国家。为什么这样说？请简单回忆一下日本的过去，再看一下 19 世纪后期的日本，到底是什么样子吧。

日本皇帝与众不同，叫作天皇，顾名思义，就是最高、最高，好像天上的大皇帝，俯视下界臣民，神圣不可侵犯。可是过去很长一段时间里，事实却完全不是这样。让我们翻开日本历史看吧，古时候的日本天皇，有几个是真正的"天上的大皇帝"。

早在公元 858 年，平安时代的清和天皇登基的时候，大权就落在藤原家族的手心里了，被牢牢掌握了 309 年。这个家族的头领自称摄政，又叫关白。那时候日本落后得要命，对中国崇拜得五体投地，什么都学中国的。那个清和天皇是唐太宗的追星族，竟把唐太宗的贞观年号也照搬过去，作为自己的年号。可惜他连唐太宗的一根汗毛也比不上，只能可怜巴巴地在藤原家族的胳肢窝里，讨一碗受气饭吃。

藤原氏摄政开了头，往后的历史就全都按着同样的模式来了。

1167 年，六条天皇在位时，平氏家族代替藤原氏，接管了政权。到了 1185 年，平氏家族又被源氏家族代替。1192 年，后鸟羽天皇在位时，源氏家族的源赖朝掌权，自称征夷大将军，建立了军事封建统治的镰仓幕府。1219 年，顺德天皇在位时，北条氏又取代了源氏，自称执政，接管了镰仓幕府。在这个漫长时期内，天皇只不过是一个装饰品，什么都得听这些幕府将军的，大气也不敢出一下。

1333 年，日本进入南北朝时代的前夕，有一个后醍醐天皇稍微争了一点气，消灭了作威作福的北条氏，结束了镰仓幕府。可是另一个军阀足利尊氏钻出来造反，建立了室町幕府，和他对抗，后来国家也分裂成南北朝。可见天皇多么不顶用，什么都得看掌握兵权的军阀的脸色。

这个室町幕府维持了235年，最后在1573年，正亲町天皇时，被织田信长推翻，往后又由臭名昭著的丰田秀吉执政。他们又自称关白，废除了军事统治的幕府名称。

1603年，后阳成天皇时代，德川家族建立了江户幕府，再称征夷大将军，一直到1867年孝明天皇时代。

得啦，咱们一口气说完了日本很长一段历史的流水账，就知道长期以来日本的政治情况大致是怎么一回事了。以德川家族的江户幕府来说吧，不仅把持了国家的政权，还霸占了全国四分之一的土地，是最大的封建地主，同时又垄断了矿山和贸易，完全控制了整个国家的命脉。他们名义上是大将军，却把住在京都的天皇撇在一边，另外在海边的江户设立幕府。所有的国家大事都得在这里决定，实际上是至高无上的"二天皇"。

不消说，他们不仅残酷剥削农民，也妨碍了工商业发展，没有人不恨他们。在幕府大将军的把持下，日本成为一个闭关自守的封建落后国家，远远落后于世界潮流。

这时候，西方殖民主义列强已经向东方伸出魔掌了，日本也未能逃脱被侵略的命运。1853年，美国炮舰两次闯进江户湾，也就是今天的东京湾，强迫日本开港通商。别的国家跟着来，逼迫日本签订了许多不平等条约和关税协定。德川幕府对内采取高压手段，

17世纪，日本德川幕府时期的武士，手中拿着指挥官的权杖，骑着一匹配有华丽鞍辔的战马。德川家族建立了一套以儒家忠信、服从为信条的等级制度，加强了统治的稳定性。（文化传播/FOTOE）

对外却低声下气，出卖国家主权，引起老百姓强烈不满。帝国主义和封建主义两座大山压得老百姓喘不过气，他们纷纷起来反抗。大家看清楚了，不推翻封建幕府，日本就没有出头的希望。

1865 年 12 月，两个地方的开明诸侯率先起事，依靠农民、商人和中下层武士，打败了保守派，夺取了地方政权。恰巧在这一年，害怕德川幕府的孝明天皇去世，15 岁的明治天皇上台，几个地方的诸侯就组织了讨幕派，在京都举行秘密会议，大久保利通等改革派牵头，决定扶持明治天皇，讨伐当时主持幕府的德川庆喜大将军。明治天皇也有头脑，给他们下了一个秘密命令，积极支持除掉幕府势力。

天下哪有密不透风的墙？德川庆喜打听到消息，一时准备不及，就以退为进，抢先一步提出辞职，企图麻痹住对手，再调动力量进行反击。谁知改革派也不是傻瓜，一眼就看穿了他的诡计，不管三七二十一，先解除了幕府派驻京都的警备队，召开御前会议，宣布"王政复古"，一切大权归天皇。明治天皇立刻发布命令，由改革派西乡隆盛、大久保利通组织新内阁，废除千百年来的幕府制。

德川庆喜吓坏了，连忙纠集起全部人马，在大阪摆开战场，和王家军决战。王家军打出了"解救天皇，清除奸贼"的旗号，又提出"减免租税""四民平等"的口号，得到广大群众支持，一仗就打垮了幕府军，紧接着包围江户。德川庆喜眼看大势已去，不得不低头投降了。

1868 年春天，日本真正的春天到了。明治天皇发布了一系列命令，全面进行改革，扶植资本主义工商业，破除封建主义势力，同时把首都从内地封闭的京都，迁移到海边的江户，改名叫作东京。一系列改革措施，终于使日本进入了资本主义的快车道，迅速发展起来。从被侵略者，渐渐演变为侵略者，成为一个军国主义的国家。

想一想

日本是怎么迎头赶上的？

这是朝鲜的"梁山好汉",反帝又反封建

朝鲜东学党起义

19 世纪末的朝鲜,处在封建朝廷和外来的帝国主义的双重压迫下,老百姓的生活非常困苦。那时候,西方帝国主义通过传教士,到处宣传基督教,传播西方宗教思想。要人们抛弃千百年来的传统信念,完全接受这种舶来品,事实上就是在思想麻醉中,不知不觉陷进了殖民主义者的圈套。

这不仅是宗教信仰问题,还涉及民族文化和民族尊严,人们怎么能够接受?于是引起了人们很大的反感。

东洋的日本变本加厉,干脆派军舰闯进汉江,使用武力威胁,要求朝鲜和它"通商",接着又强迫朝鲜和它签订条约,成为它的势力范围,变成它的半殖民地。

在这样的情况下,朝廷怎么样呢?

唉,昏庸的朝廷对外赔着笑脸,怕得要命;对内却露出另一副面孔,好像恶狠狠的老虎,对老百姓剥削压榨,毫不手软。

针对这个情况,当时有一个名叫崔济愚的人,在 1860 年创立了东学道,又叫东学党,也用宗教的形式,对付外来的宗教观:提倡固有的东方文化道德标准,宣传人人平等,不仅反对外来的宗教侵略、西方殖民主义思想的腐蚀,还牢牢站在穷苦老百姓的立场上,坚决反对官府盘剥。于是信奉的人越来越多了。

当时东学道徒中流传着一首歌谣:"金樽美酒千人血,玉盘佳肴万姓膏。烛泪落时民泪落,歌声高处怨声高。"可以看出,当时的社会多么

小知识

东学道的"东学" 就是"东方之学",以儒、佛、道三教的精神为根本,用"诚""敬""信"三字为训条,和当时的"西学"完全对立。

腐败，老百姓多么痛恨。

东学道不只是停留在口头上，还曾经积极组织群众，进行过全州请愿、伏阙上疏和报恩聚会三大抗议请愿活动，提出兴利除弊、惩治贪污、挽回民心种种建议。可是官府不但不听，反而下令逮捕镇压，对他们恨得要命。

1893 年，朝鲜发生了一场大灾荒，不知饿死了多少人，有多少人流离失所。可是一些贪官污吏不管老百姓的死活，照样征收苛捐杂税。其中全罗道古阜郡的郡守赵秉甲，是一个特别贪婪凶狠的贪官。在他的威逼下，一场声势浩大的"万石洑水税事件"爆发了。

什么叫作"洑"？就是灌溉渠的水闸。古阜郡是朝鲜重要的产粮区，水利灌溉非常重要。原来征收一些管理费性质的水税，只用于管理水闸本身，不能挪为别的用途，也不上缴国库。这个赵秉甲瞧见这是一块肥肉，就动了歪念头。他一上台，就征调好几万农民修洑。完工后，他竟擅自废除惯例，增加水税，装进自己的腰包。老百姓不服，推选代表向他申述。他根本就不理睬。代表们又到全州，向全罗道观察使金文铉告状。谁知他们官官相护，竟把代表们抓起来关进监狱。老百姓实在忍无可忍，就在当地东学道头领全琫准的带领下，发动了武装暴动。

全琫准的父亲原本在古阜郡的衙门里当差，为人十分正直，性格很刚强，看不惯贪得无厌的当地郡官，就带领农民袭击衙门，不幸被抓住乱棍打死。全琫准发誓要为父亲报仇，斗争十分坚决。他像父亲一样，带领暴动的民众冲进衙门，赶走狗官赵秉甲，打开监狱和粮仓，放出被抓的无辜老百姓，发放粮食救济灾民。

只是一个地方起义不够。全琫准同时和国内东学道主要领袖取得联系，制定了四项行动纲领："弗杀人，弗伤物；忠孝双全，济世安民；逐灭夷倭，澄清圣道；尽灭权贵，复国安邦。"

从这个纲领来看，他们好像中国《水浒传》里的梁山好汉，只反奸臣，不反皇帝，却又提出外抗东西方强盗的口号，带有鲜明的反侵略、反封建的性质，比梁山好汉的反抗对象广泛得多。值得注意的是，虽然他们还打着东学道的旗号，参加的主要是东学道徒，可是他们的行动已经远远超出了原来的宗教范围，形成一场有目的、有纲领的类似革命的运动了。因为这是东学道发动的，所以历史上叫作东学党起义。

这场起义的声势越来越大，很快就聚集了几千人，以古阜郡的白山为根据地，震动了四面八方。在全琫准的指挥下，起义军第一仗就打垮了全州派来的官军，打死了领兵官。起义军士气大振，乘胜追击，接连解放了好几座城市。经过一番整顿，全琫准被推为总督，建立起严密的组织和纪律，不准骚扰老百姓，得到了群众支持，战斗力大大加强，更加所向无敌了。

中日黄海海战。清光绪二十年 (1894)，日本凭借平定朝鲜东学党起义的名义，驻兵朝鲜。同年 9 月 17 日，清北洋舰队完成护送援军任务返航旅顺，在黄海大东沟以南海面，同日军展开 5 小时激战，北洋海军参战的 12 艘战舰损失了 5 艘，其余 7 艘遭轻重不同的创伤，管带邓世昌、林永升、黄建寅、林履中与战舰同归于尽，1000 余人壮烈牺牲。（文化传播/FOTOE）

老百姓怎么支持起义军？请看一个真实的事例吧。

有一次，官军包围了起义军，准备第二天发动攻击。附近一些妇女知道了，趁着黑夜悄悄溜进敌人的炮兵阵地，提起一桶桶水，咕噜噜灌进炮筒里。第二天一早，官军睁开眼睛准备开炮，想不到炮膛里湿了，火药点不燃，火炮统统变成了哑巴，只好拖着水泡的大炮，垂头丧气撤退了。

东学党起义军越战越勇，攻占了南方重镇全州，接着向京都汉城进军。朝鲜朝廷慌了，连忙请求清朝政府援助。

朝廷虽然发出了求救信，可是起义军进展神速，清朝军队还不知什么时候才能赶到。没奈何，朝廷只好和起义军谈判，答应了一些条件，先拖着再说。由于起义军多半是农民，正在农忙季节，急着回家做农活，也同意了双方休战。

事情就这样完了吗？

才没有呢。

起义军做梦也没有想到，这是朝廷的缓兵之计。只要朝廷喘过气来，还会恶狠狠开战的。

事情发展到这个时刻，另一件谁都没有想到的祸事发生了。没有安好心眼的日本，早就想侵占朝鲜，借口中国出兵，也趁机派兵登陆，引发了中日之间的甲午战争。中国的清朝陆军战败后，北洋舰队也在黄海上被歼灭。日本大获全胜，完全控制了朝鲜，便配合朝鲜官军，重新对东学党起义军发动进攻。起义军内部又发生分裂，接连吃了几个败仗，终于完全失败了。

由于叛徒告密，全琫准被俘虏，送往汉城审判。在法庭上，他被指责"有罪"。全琫准愤怒地说："你们才是最大的罪人！"慷慨激昂走上刑场光荣就义。

想一想

朝鲜的东学党起义是怎么一回事？

两个强盗闯进咱们的家，狠狠打了一架

可耻可恨的日俄战争

100年多前，日本和俄国狠狠打了一仗。

打仗总要有理由，它们是怎么打起来的？

说来让人气破了肚子，这两个国家打架，竟是为了争夺中国的东北和朝鲜半岛。

咱们中国招了谁？惹了谁？凭什么它们为了咱们的东北打一架？

因为这和这两个国家的"根本利益"有关呀！

自从丰臣秀吉定下了"北进三部曲"的"基本国策"，日本处心积虑要踏着朝鲜半岛这块跳板，吞掉中国，再打印度，最后称霸世界。灭亡中国也有一个"三部曲"的时间表，先跨过鸭绿江占领"满蒙"，再侵吞华北，最后灭亡整个中国。中国的东北

1905年，日俄战争期间，辽宁大连旅顺，战壕中的日军。（文化传播/FOTOE）

在它的侵略时间表上占了非常重要的位置。

俄国呢？它派出一支支全副武装的"探险队"，"发现"了黑龙江以北的"无主土地"，侵占了中国一大片土地后，还贼心不死，妄想跨过黑龙江，侵占中国的整个东北，特别想永远霸占旅顺口不冻军港。1898年，俄国以"干涉还辽"有功，强迫清朝政府签订了《旅大租地条约》，强行租借旅顺口和大连湾，修筑旅顺口要塞，把这里当作自己打进远东的一根钉子。

两个国家的利益交叉点聚集在中国东北，当然就打起来了。

1904年2月8日晚上，日本突然进攻俄国霸占的旅顺口，日俄战争爆发了。

日本为什么挑上这一天发动攻击？因为这是一位俄国舰队司令夫人的命名日，正要准备盛大的庆祝仪式和狂欢之夜。就像后来日本特意挑选一个星期天偷袭珍珠港一样，都十分狡猾地利用对手思想放松的时刻，不宣

1904年11月，辽宁大连旅顺，俄军在战场上的葬礼。（詹姆斯·利卡尔顿/FOTOE）

而战。高鼻子俄国佬正兴高采烈，庆贺年轻貌美的司令夫人的命名日，一阵"礼炮"突然响起来了。大多数人还以为这是庆典的一部分，丝毫也没有放在心上，照样唱歌跳舞，端起高脚酒杯互相庆祝，不知道已经大祸临头了。

这哪是什么"礼炮"，是日本海军中将东乡平八郎率领的联合舰队，从海上偷袭的炮声。这一闷棒打得俄国人晕头转向，一下子就被摧毁了三艘军舰和一些岸防炮。俄国人还来不及还手，就稀里糊涂吃了大亏。

第二天，愤怒的俄国向日本宣战。第三天，日本才慢吞吞跟着宣战。日俄战争就这样揭幕了，旅顺口所在的辽东半岛成为两国交兵的主战场。日本成立了"满洲军总司令部"，俄国也有一个同样的司令部，它们简直没有把中国的主权放在眼里，随便在这里成立战地司令部，横下心来要打一仗了。

呸，你们要打架，为什么不在自己的土地上打，偏偏要在中国领土上打？打仗不是足球赛，允许在第三国进行。这是杀人放火的勾当，跑到别人家里乱打一气，能不打破别人的坛坛罐罐，打死打伤别人家里的人吗？天理昭昭，世界上哪有这样横不讲理、在别人家里打架的怪事？

战争开始后，日本按照早就想好了的计划，一面派舰队严密封锁旅顺口，不让俄国舰队自由进出，打沉了包括俄国太平洋分舰队司令马卡洛夫中将亲自率领的旗舰"彼得罗巴甫洛夫斯克"号在内的许多企图突围的俄国军舰，一面在辽东半岛登陆，从背后切断旅顺口和奉天（今天的沈阳）、辽阳俄军的联系，紧接着展开了争夺辽阳的战斗。双方都有十多万人，打得非常激烈。最后日本打赢了，再转过身子攻打四面被包围的旅顺口。

8月19日，日军第三集团军在乃木希典上将的指挥下，对旅顺口要塞发动总攻，投入了几万人。经过反复争夺，日军攻下了

小知识

对马海战 1905年5月27日，远道而来的俄国第二太平洋舰队，遭遇日本舰队阻击，被击沉19艘战舰，被俘5艘。日本只损失3艘小小的水雷艇，大获全胜。

控制整个港湾的 203 高地，在上面架起大炮，对准港口里的俄国军舰一阵猛轰，几乎全部歼灭了俄国舰队。俄军没有办法，只好举手投降。紧接着，日军攻下了奉天，完全占领了辽东半岛。

俄国输了这一仗，不服气，匆匆忙忙抽调波罗的海舰队 38 艘主力舰艇，组织起第二太平洋舰队，从遥远的波罗的海出发，兵分两路赶来。一路经过苏伊士运河，一路绕过非洲好望角，绕过半个地球，开到远东战场，企图为第一太平洋舰队和陆军复仇。

他们打错了主意。舰队好不容易开到朝鲜半岛附近的对马海峡，中了日本舰队的埋伏，又被打得全军覆没，连舰队司令也当了俘虏。

接下来，日军又乘胜在朝鲜元山和萨哈林岛（库页岛）登陆，扫荡残余的俄军，抢占许多土地。俄国再也没有还手之力了，只好低头认输，结束了这场战争。

这场战争几乎完全是在中国领土上进行的，当时的清朝政府吓得连大气也不敢出，竟宣布"局外中立"。奉天地方政府甚至乖乖地划出一块地方，把辽东半岛上的金州、复州、熊岳三座城作为"指定战地"，供给这两个国家"战时之用"，实在太没有骨气了。

旅顺口战斗期间，俄军为了不挡住视线，防止日军进攻，居然拆掉了长达 30 多千米的一片宽广地域里所有的房屋和村庄，人为制造一片开阔地。其中，旅顺龙头镇吴家村原有 17 户人家、七八十间房屋，统统被炸毁，只留下五间房屋的残垣断壁，以后就改名叫作"五间房"了。他们只管自己打得痛快，哪管中国人的死活。不消说，在这场战争中，不知死伤了多少中国老百姓，多少财富遭到毁坏。有志气的中国人，牢牢记住这个奇耻大辱，永远也不要忘记！

想一想

日本和俄国为什么在中国土地上打仗？

她燃烧自己，照亮别人，受到世界的尊敬

"白衣天使" 南丁格尔

啊，"白衣天使"。

啊，最可爱的人。

瞧见医院里的护士，没有人不从内心深处发出由衷的尊敬。

是呀，她们不顾疲劳，有时候还冒着生命危险救死扶伤，具有无比高尚的美德，怎么不赢得人们深深的尊敬呢？每当人们在病床上痛苦呻吟的时候，她们的白衣身影就出现了，绽露出甜甜的微笑，伸出柔软的手指，忙忙碌碌跑来跑去，安慰救治每一个需要她们帮助的人。人们怎么不感谢她们，向她们致敬呢？

你可知道世界上最有名气的护士是谁？"国际护士节"是怎么来的？

这要说到1854年到1856年间，英法联军和俄国在克里米亚半岛的战争。在那场漫长激烈的战斗中，不知有多少受伤的士兵倒下来，战场上一片凄惨景象。一个随军的英国护士长弗洛伦斯·南丁格尔，带领着38名护士，也来到这里参加救护伤病员。

在这个关键时刻，她发现当时的战地医疗状况实在太糟糕了。首先，军队领导就有些漠不关心，只顾拼命打仗，不管受伤士兵的死活。战地医院条件也一塌糊涂，管理非常混乱，医药补给困难。一些护士的责任心不够，护理质量很差。许多伤病员得不到应有的救治就死了。几乎每两个伤员中，就有一个白白丧命。

啊，这实在太不应该了。南丁格尔非常愤怒，也很着急。可是恨没有用，气也没有用，在那紧张激烈的战斗中，时时刻刻都有无数士兵倒下来，眼巴巴等着救治。她没有权利浪费半分钟，立刻动手认真进行护理工作改革。她从提高护士的责任心入手，再改善病房卫生条件，订立必要的护理

143

1854年9月，克里米亚战争（1853—1856）中的英国护士弗洛伦斯·南丁格尔的身影。（文化传播/FOTOE）

制度，很快就使战地护理工作走上了正轨。她的努力没有白费，精心护理挽救了很多士兵的生命。短短半年时间，伤病员死亡率就飞速下降了一半以上，真了不起啊！

尽管南丁格尔是一个柔弱的姑娘，却有非凡的勇气。她总是不顾枪林弹雨，在战场上来往穿梭，救护每一个需要帮助的伤员。那些躺在战壕里和开阔的沙场上、动也不能动一下，怀着恐惧静静等待死神来临的伤员，瞧见她带领的护士们的白色身影，就一下子放心了。有了这些善良的"白衣天使"救助，死神也要退避三分。

南丁格尔全心全意投入救护工作，每天夜深人静的时候，还手持着一盏油灯，在微弱的灯光中巡视病房，关心每一个伤员的伤势是否好转，伤口及时换药没有，饮食有没有营养。她温柔地安慰每个人，特别对那些重伤员加倍关心，还亲笔给不幸死亡的士兵家属写信，尽心尽意宽慰他们。士兵们深深感动了，改变了粗鲁的性格，在她和别的护士面前，不再说粗话、开口骂人，甚至躺在床上，无限感动地亲吻她落在墙壁上的身影。消息传出去，除了血肉横飞的前线，全英国都知道了这个勇敢善良的"持灯女士"。

战争结束了，南丁格尔为了进一步建立完善的护理制度，回到伦敦创办了世界上第一所正规护士学校。她坚持学校必须与实践相结合的原则，护士学校必须和医院结合在一起，选中了一家有名的医院作为办学基地。1869 年，南丁格尔护士训练学校开学了，实行全部免费的一年制培训，每年还发给 10 英镑助学金。这样一期期办下去，受到社会广泛欢迎。

南丁格尔不仅活动在日常护理工作中，还根据自己的经验，写出了《医院札记》和《护理札记》两本书，是护士工作的专著，加上她的上百篇学术论文，后来成为医院管理、护士培训的重要参考教材。在 80 岁高龄的时候，她还时时刻刻会见护士们，关切地提出改进工作的意见，直到 1910 年 90 岁逝世为止。

爱是没有国界的，救护伤员也没有国界。南丁格尔的贡献不局限英国，也推动了世界各地护理工作和护士教育的发展，她被评论为近代护理创始人、护理学的奠基人。

世界为南丁格尔感动了，称赞她燃烧自己，照亮别人。国际护士理事会把她的生日 5 月 12 日定为"国际护士节"，激励广大护士继承发扬她树立的护理事业的光荣传统，用"爱心、耐心、细心、责任心"对待每一位病员，做好救死扶伤的工作，还设立了南丁格尔国际基金会，把奖学金用于各国护士进修教育。

英国人以她为骄傲，竖立了她的铜像，把她的肖像印在 10 英镑纸币上。这张钞票的另一面，就是英国女王伊丽莎白二世的半身像。

美国著名诗人朗费罗热情地写诗歌颂她的高贵精神，称她是了不起的女英雄。

想一想

为什么南丁格尔受到人们尊敬？

一个高尚的灵魂，唤醒了人道主义的同情心

红十字会诞生记

红十字，多么熟悉的标志。

红十字，这是救死扶伤的人道主义标志呀！

红十字和红十字会分不开，红十字会也是人人都知道的人道主义组织。

红十字和红十字会是怎么来的？得先讲一个故事。

1859 年 6 月，瑞士青年银行家亨利·杜南经过意大利北部一个小镇索尔弗利诺，无意中瞧见一幅悲惨的景象。

原来这里刚刚经历了一场战争的洗礼，法国和撒丁联军，与奥地利军队在这儿发生激烈的战斗。战后镇内到处躺满了痛苦呻吟的伤兵，被部队抛弃了，几乎没有人管。许多人得不到救助，正在垂死挣扎，情况非常危急。

亨利·杜南（1828—1910），瑞士慈善家，红十字会的创始人。（文化传播/FOTOE）

这个年轻的银行家是一个虔诚的基督徒，有一颗善良的心，立刻中止了自己的行程，停留下来号召当地居民，组织紧急救援小组，不分伤兵的国籍，统统一视同仁进行精心照料。许多伤兵得到他们的及时帮助，渐渐恢复了健康，含泪告别了他和好心的索尔弗利诺镇民。

这件事给予杜南的印象太深了。三年后，他在一本《索尔弗利诺回忆》中，专门提到当时的情况，建议各国成立伤兵救护组织，召开国际会议，制定保护伤兵的国际公约。

他不仅这样说，也这样做，立刻积极游说德国、奥地利和其他国家的领导人，得到欧洲各国人民热烈欢迎，各国政府积极支持。

下一步，应该马上建立起统一的国际组织了。

一个国际组织，得有专门的标志。杜南想，这是一个爱心组织，就用充满了爱的基督精神来推动它，用基督教的十字架，作为它的特殊标志吧。

1863 年 2 月 9 日，在杜南的积极推动下，这个以救死扶伤为目的的国际组织终于如愿成立了。根据他的建议，就取名叫作"红十字国际委员会"。

十字架，就是十字架，为什么叫"红十字"呢？

这和红十字会的旗帜有关系。

杜南想，战时救助的时候，需要有一面容易识别的鲜明旗帜，才能被交战双方认识，以免受到攻击。

用什么样子的旗帜才简简单单、一目了然呢？他想来想去想不出。后来一下子想起自己祖国瑞士的国旗，决定就比照着制作一面红十字会的旗帜。瑞士国旗和别的国家的国旗不一样，不是长方形，而是四四方方的，样式上就与众不同。鲜红的旗子上，中间一个白色十字架，图案十分简明，很容易识别。瑞士国旗是红底白十字，红十字会旗帜就反过来，做成白底红十字，岂不就非常显眼了吗？

白底红十字的旗帜飘扬起来，白底红十字的臂章佩戴在每个工作人员的手臂上，他们就能够在弹雨横飞的战场上畅通无阻了。

红十字会严格遵从中立化原则，以"人道、公正、中立、独立、志愿服务"作为自己的信条，在战争中不分国籍，不分敌我，认真对战时伤病员和遇难者进行搜寻、救护和积极医治。

杜南把全部精力都投进这个人道主义的事业里，顾不上自己的银行。

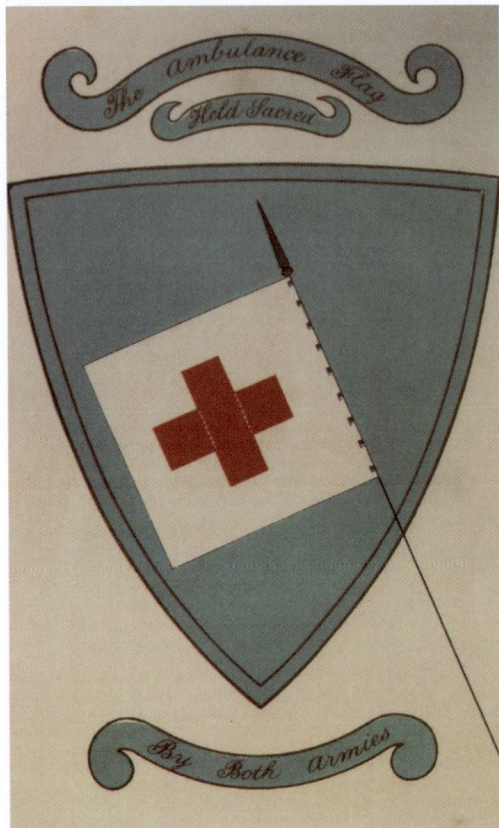

国际红十字会标志。该标志与瑞士国旗一样，不过颜色相反。设计者杜南，瑞士人，人道主义者、红十字会创始人、世界基督教青年会创始人之一。（文化传播／FOTOE）

最后银行倒闭了，他一下子破产，不得不流落到巴黎的贫民窟里，过着贫贱的生活，世界似乎渐渐忘记了他。

1870年，一个记者路过索尔弗利诺，听到他的感人事迹，连忙赶到巴黎，在贫民窟里找到他，进行了一次专访。消息传出去，勾起了人们的记忆，雪片般的慰问信飞向杜南的小屋子。梵蒂冈教皇亲笔写信感谢他，有的国家为他筹募了基金，邀请他担任许多国家红十字会的名誉主席。

杜南又积极活动起来。他没有为自己谋一丁点儿私利，提出了一个更加响亮的主张，建议红十字会不要仅仅限于战时服务，还应该在平时进行灾难救援，为社会做更多的公益事情。

遗憾的是，这个建议没有被有关国家采纳。他提出来缔结保护战俘的国际公约，更被嘲笑是"愚不可及"的事情。

杜南再一次被社会抛弃了，流浪到阿尔卑斯山的偏僻山村里。他好像一股悄悄吹来的风，激起了一些儿浪花；转眼又悄悄吹散了，没有留下一丁点儿踪影。

不，社会毕竟没有完全忘记他。冷落他的只是一些国家的掌权者，人民可没有忘记他。特别是那些曾经受过他救助的人，永远把他镌刻在自己的心上。从1890年开始，一个个国际荣誉奖飞向他。1901年，他还荣获第一届诺贝尔和平奖。

是呀，诺贝尔和平奖，不给他给谁？他是众望所归、最理所当然的获得人。

他提出的那个保护战俘的《国际战俘公约》呢？在他死后20年，才被各国接受。可惜他不能亲眼看

见了。不管怎么说，晚接受，总比不接受好。杜南的理想一次次引起社会的共鸣，推动着人道主义事业不停发展，给这个以发扬人道主义思想为目的、人人支持的红十字会组织赋予了更高的理想，开辟了更加广阔的服务领域。人道主义的精神也更加深厚了。

1910年10月30日，82岁的杜南静悄悄逝世了。他临死的时候吩咐，把自己留下来的微薄财产全部捐献给慈善团体。

他自己留下了什么？

那是在危难中高高飘扬的红十字旗帜，是他的一颗高尚的爱心，还有墓碑上简单的一行字——"一个心地单纯的基督徒"。那是他的简单的遗嘱中，留在世界上唯一的一句话。

红十字标记是全世界统一使用的吗？

也不是的。

1876年俄土战争中，土耳其提出来，红十字标志不符合自己的宗教信仰，改用红新月作为标志，画在救护车辆上。与此同时，也同样尊重对方的红十字符号不受侵犯。红新月越用越广，后来伊斯兰国家中普遍使用，建立了红新月会。1986年，在日内瓦召开的第25届红十字国际会议上通过，红十字和红新月都具有同样的资格，都是国际人道主义救援的标志。

想一想 ?

红十字会是怎么建立的？

全世界无产者联合起来，建立美好的共产主义

伟大的革命导师
马克思、恩格斯

马克思、恩格斯，人类历史上最伟大的两位革命家。

马克思、恩格斯，全世界无产阶级和被剥削被压迫群众的伟大导师。

马克思、恩格斯，科学共产主义的奠基人。

是啊，是伟大的革命导师马克思和恩格斯，点燃了无产阶级革命的火炬，照亮了全世界，引导革命一步步走向胜利。

卡尔·马克思，1818 年 5 月 5 日出生于普鲁士莱茵省特里尔城。父亲是一个有名的律师。1835 年，马克思中学毕业后，父亲把他送进波恩大学学习法律，希望他接自己的班，以后也做一个律师。可是第二年马克思就转到学习空气更加良好的柏林大学，开拓广阔的视野，把主要的注意力放在历史和哲学上。

在大学时期，马克思接受了德国哲学家黑格尔的辩证法思想，参加了进步的"青年黑格尔派"的活动，坚决反对普鲁士封建专制制度，表现出锐利的目光和民主精神。

1812 年 4 月，马克思开始为《莱茵政治、商业和工业日报》，也就是《莱茵报》撰稿。很快他就搬到科伦，担任这张报纸主编。就在这个地方，这一年的 11 月，他和恩格斯第一次会见。马克思把《莱茵报》作为思想阵地，发表了许多文章，揭露普鲁士贵族地主的狰狞面目，吓坏了那些地主老爷。当地政府站在统治者的立场，施展迫害手段，悍然查封了《莱茵报》。

为了躲避普鲁士政府的迫害，马克思不得不在 1813 年 10 月搬到法国巴黎。他住在贫苦的工人区里，更加有机会深入工人群众，了解他们的生

马克思像,中国人民革命军事博物馆。(李鹰/FOTOE)

活和思想状况。一个个活生生的无产阶级的生活画面,呈现在他的面前。

马克思在巴黎开辟了新的革命途径。他在这里接触了各种各样的激进思想家,还和德国流亡者的秘密团体"正义者同盟"建立了密切联系。1844年2月,马克思在《德法年鉴》杂志的创刊号上发表了一篇非常重要的文章《〈黑格尔法哲学批判〉导言》。他在这篇文章里指出,必须用革命理论指导革命实践,对一切剥削制度进行无情的批判,包括"武器的批判"。"理论一经群众掌握,也会变成物质力量。"这篇文章具有重大的意义,不仅指导了无产阶级革命的方向,也是马克思从一个革命民主主义者转变为共产主义者的重要里程碑。

1844年8月底,马克思与恩格斯在巴黎第二次会见。从此,两位伟大导师为世界无产阶级解放事业并肩战斗的革命历史开始了。

弗里德里希·恩格斯,马克思的亲密战友,1820年11月28日出生于普鲁士莱茵省巴门市。父亲是一个纺织厂主,一心巴望儿子继承自己的事业。1837年,恩格斯刚刚18岁,还没有中学毕业,就被父亲送进社会去经商。

他来到了不来梅,接触了进步思想,发表了一篇《乌培河谷来信》,无情揭露封建制度的黑暗。1841年,恩格斯到柏林服兵役,有机会在柏林大学听课,广泛涉猎各种各样的学科领域,丰富了自己的认识,发表了

马克思和恩格斯雕像，德国波茨坦附近的巴别山电影公园。（贯瑶 /FOTOE）

好几篇重要理论文章。他两次会见马克思后，就终身与马克思并肩战斗，成为最亲密的战友。

他们的革命活动，被反动统治阶级注意到了。普鲁士要求法国政府把马克思驱逐出境。1845 年 1 月，马克思来到了比利时首都布鲁塞尔。恩格斯跟着赶到这里，和马克思寸步不离，共同战斗。

1845 年 2 月，马克思和恩格斯合作写出了《神圣家族，或对批判的批判所做的批判》，简称《神圣家族》。这部著作批判了"青年黑格尔派自由人"的唯心主义哲学，指出人民群众才是真正的历史创造者，无产阶级是资本主义的掘墓人，奠定了革命的唯物主义的社会主义的理论基础。

他们在这里又写出《德意志意识形态》。首次阐明了历史唯物主义的基本原理，揭示了社会发展的客观规律，制定了马克思主义关于社会经济形态学说的初步提纲，提出无产阶级夺取政权的历史任务。

1846 年是一个更加重要的里程碑。马克思和恩格斯在布鲁塞尔亲手建立了共产主义通讯委员会，接着又在德国和法国一些地方建立了分支组织，开展了对形形色色的冒牌社会主义的批判。

1847 年春天，工人组织"正义者同盟"邀请马克思、恩格斯加入，请他们为新的组织写一个宣言。

1847 年 6 月，"正义者同盟"第一次代表大会在伦敦召开。由于经费困难，马克思没有参加。恩格斯根据和马克思商量好的计划，在大会上提出改组的工作。会议根据马克思和恩格斯的建议，将"正义者同盟"正式改名为"共产主义者同盟"，还通过了恩格斯起草的章程，删除一些过时的东西，建立了民主集中制原则；规定"共产主义者同盟"的目的是推翻资产阶级，建立无产阶级专政的政权，建立一个没有私有制的新社会。

马克思和恩格斯共同拟定的《共产党宣言》写出来了，用"全世界无产者，联合起来"的响亮口号，代替了从前"正义者同盟"的"人人皆兄弟"、没有阶级原则的口号。

一个崭新的时代来临了。让统治阶级在共产主义革命面前发抖吧！无产者在这个革命中失去的只是锁链，他们获得的将是整个世界！

想一想

马克思主义是怎么诞生的？

鲜血换来的8小时工作制，工人阶级自己的节日

五一国际劳动节的来历

5月1日来了，这是国际劳动节呀！

每年这一天，全世界各个地方的劳动者都要集合起来，开展各种各样有意义的纪念活动。每天8小时工作的制度，这是多么熟悉的观念。它不仅规范了工作秩序，保证了工作效率，还保证了劳动者合法休息的权利，再好也不过了。

啊，朋友，你可知道国际劳动节和8小时工作制，是怎么来的吗？

那是美国芝加哥工人群众用鲜血换来的。

原来，那时候美国和欧洲许多国家的资本家，只顾自己赚钱，根本不顾工人死活，随便增加劳动时间和劳动强度，逼着工人像牛马一样加班加点，进行残酷剥削。

2002年，上海八万橙子"微笑"迎五一国际劳动节。（李江松/FOTOE）

以美国来说吧，许多工厂强迫工人每天劳动 14 到 16 个小时，有的甚至长达 18 个小时，疲倦的工人只能得到短短 6 小时休息，工资却少得可怜。一天劳动下来，能够有几个小时的睡眠呢？超强度的体力劳动，加上严重睡眠不足，大大损害了工人的健康。

请听一个手持皮鞭、为虎作伥的监工的自白吧。

美国东北部马萨诸塞州一个鞋厂的监工，竟赤裸裸地宣布："让一个身强力壮、体格健全的 18 岁小伙子，在这里的任何一架机器旁边工作，我能够使他在 22 岁的时候，变成花白头发的小老头。"

瞧，资本家就是利用这些毫无人性的监工把头给他们做鹰犬，惨无人道地剥削工人群众。工人不是不会说话的牛马，能够永远低头忍受吗？

不，面对这样冷酷无情的资本家，绝对不能沉默。通过一次次斗争，大家懂得了，要生存，只有团结起来，才能争取自己的合法权利。

工人群众提出的口号非常简单，就是保障合法的休息权利，要求实行 8 小时工作制。

一个人的声音不够，就一个车间、一个工厂同时发出呼喊。一个车间、一个工厂的声音还不够，就联合更多的工厂，发出更加强大的抗议声音。

1884 年 10 月，美国和加拿大的八个国际性和全国性工人团体，在美国芝加哥开会决定，1886 年 5 月 1 日举行总罢工，走上街头向社会宣传，向资本家示威，强烈要求实行 8 小时工作制。

这一天来到了，各地工人群众做好了准备。仅仅在美国，就有 2 万多个企业的 35 万工人举行罢工，打出标语拥上街头，举行声势浩大的示威游行。仅仅芝加哥一个城市，就有 4.5 万多工人参加，示威队伍挤满了街道和广场，吓坏了资本家和市政府官员。

这样一来，几乎美国所有的工厂、码头、火车、轮船，都停止活动了，连大大小小的商店也关了门，全国几乎处于瘫痪状态。

听啊，罢工工人队伍，高声唱着一首《8 小时之歌》，那就是他们的愤怒声音。他们齐声唱道："我们有力量，要把世界变个样。我们不愿意白白地辛苦劳动，只能得到一点糊口的工钱。我们从来也没有时间好好想

1886 年 5 月 4 日，芝加哥工人群众为争取 8 小时工作制在秣市广场举行集会，遭到镇压。（文化传播/FOTOE）

一想。我们也要鸟语花香，也要晒温暖的太阳。我们相信：上帝只允许 8 小时工作日。我们从船坞和工厂集合起队伍，争取 8 小时工作，8 小时休息，8 小时归自己！"

这是合理的要求呀，一点也不过分。大罢工继续下去，不达目的誓不休。

工人群众在示威，芝加哥政府当局也没有闲着，想出了一个坏点子。罢工进行到第三天，他们就下了毒手，派了一些破坏分子混进工人队伍，故意制造混乱。早就站在旁边的警察找到了借口，立刻开枪打死了 6 个工人，鲜血染红了地面，激起了群众更大的愤怒，他们决心为死难的工人兄弟报仇。

现在矛盾进一步激化了，第二天更多的人集合在广场上，抗议政府的暴力镇压。想不到当一队警察进入广场疏散人群的时候，一颗炸弹忽然爆炸了。一个警察被当场炸死，还有一些受了伤。警察不问青红皂白，立刻向人群开火，打死打伤200多人，还逮捕了许多无辜的群众。

政府当局和一些别有用心的报纸抓住这件事不放，硬说是示威群众扔的炸弹，用这个莫须有的理由逮捕了8个工人领袖，诬蔑他们犯了谋杀罪，判处其中7个人死刑，另外一个人15年徒刑。

美国各地的工人群众听见这个判决，感到十分愤怒，纷纷举行集会抗议。世界各国的工人也支援美国工人兄弟，表示强烈抗议。芝加哥政府当局毫不理睬，虽然改判了其中4个人无期徒刑，却绞死了4个人。

这就完了吗？

不，由于各国工人阶级团结一致不断斗争，终于赢得了最后胜利，争取到8小时工作制的权利。

1889年7月14日，法国大革命100周年的纪念会上，各国马克思主义者成立了第二国际，同时通过了一项重要的决议，把芝加哥工人群众争取8小时工作制的5月1日，定为国际劳动节。从此以后，每年5月1日，世界各地的劳动者都要举行各种各样的活动，庆祝工人阶级自己的这个来之不易的节日。

啊，孩子们，五一劳动节不仅是欢乐的节日，还是一个战斗的节日。今天我们合法享受着8小时工作制，以及别的种种劳动保障的权利，可别忘记了这个节日的来历，不要忘记为了争取劳动者的合法权利，流过的鲜血和艰苦的斗争。

想一想

国际劳动节是怎么来的？

157

小时候一个捉虫迷，发现了物种演化的秘密

达尔文和"进化论"

达尔文，一位伟大的科学家。

达尔文，一只奇怪的小甲虫。

咦，这是怎么一回事？一个科学家怎么变成了小甲虫，是不是弄错了？

没有错呀！达尔文的确是一位科学家，也是一只小甲虫。

要解开这个谜，还得从一个小故事说起。

1828 年的一天，英国剑桥大学的一个大学生，钻进伦敦郊外一片树林，一只手抓住一只古怪的甲虫。他正怀着浓烈的兴趣看着，忽然又瞧见树皮里钻出来第三只甲虫。他想把这只也抓住，可是腾不出手来，该怎么办？

这个小伙子想也不想一下，立刻把手里的一只甲虫藏进嘴巴，这就可以腾出一只手来，逮住第三只甲虫，好好研究一下了。

唉，他实在太专心了，只顾看手里的甲虫，把嘴巴里那只忘记了。嘴巴里那只甲虫开始反抗，放射出一股辛辣的毒液，把他的舌头蜇得又疼又麻，好像打了一针似的。

这个抓甲虫的大学生叫作查尔斯·罗伯特。他发现的奇怪甲虫是一个新种。为了纪念他的发现，人们就把这种甲虫命名为"达尔文"。

噢，原来是这么一回事。此达尔文，非彼达尔文，二者完全是两码事。

19 世纪，阅读中的达尔文。（文化传播/FOTOE）

说到这里，人们忍不住会问，这个喜欢研究甲虫的大学生，是学习生物学的吗？不是的。谁也没有想到，他竟是神学院的学生，和生物学没有一丁点儿关系。

神学院的学生不好好念经，跑到树林里抓甲虫干什么？简直是乱弹琴！这话有些对了，达尔文就是有些乱弹琴。他从小就热爱大自然，总是在旷野里东游西逛，不肯安静下来读书。他最喜欢抓一些小虫子，摘一些树叶，拾一些古里古怪的小石子带回来，把自己的房间堆得满满的，搞得好像一个小小的博物馆。

达尔文一天天长大了，他的爷爷和爸爸都是医生，要他继承事业，

19世纪英国漫画，讽刺进化论奠基人达尔文。（文化传播/FOTOE）

也做一个有名的医生，送他到苏格兰的爱丁堡大学医学院念书。可是达尔文改不了老毛病，依旧"游手好闲""不务正业"，专注于采集矿物和动植物标本，哪像穿白大褂的医生的样子。他的爸爸一生气，干脆把他送进剑桥大学神学院，让宗教戒律管着他，以后当一个受人尊敬的牧师也好。

俗话说，江山易改，本性难移。枯燥的宗教教义哪能拴住达尔文的心，于是就有了开篇那一幕。嘴巴里咬一只小甲虫，手里又抓住两只，可不是一个庄严的牧师应该做的事情呀。

不消说，达尔文不听爸爸的话，没有按照家里给他安排的牧师的道路迈进，走上了另外一条完全不同的路。

1831年，他从大学毕业后，不知道该干什么。恰巧这一年英国政府派出"贝格尔"号军舰环球考察，实在太对他的胃口了。经过别人推荐，达尔文就以"博物学家"的身份，自费搭船参加这次充满了幻想的长途航行。

版画:英国"贝格尔"号考察船。
(文化传播/FOTOE)

对达尔文来说,这艘军舰是一个活动的"瞭望台"和"实验室"。"贝格尔"号乘风破浪航行到许许多多奇异的角落,他的眼前出现了各种各样新奇的自然环境,让他大开眼界。

啊,这可比伦敦郊外的树林丰富多了。达尔文怀着激动的心情,每到一个地方,都要兴冲冲上岸考察,访问当地居民,或者请他们当向导,深入内地考察。他采集了许多罕见的动植物和矿物岩石标本,发现了许多前所未见的新物种。

眼见形形色色的物种,他不由开始思索一个问题。为什么这些物种千变万化,其间有什么联系?

1832年2月,"贝格尔"号横越大西洋到达巴西。达尔文早就听说安第斯山是南美洲的脊梁,便向船长提出自己从陆路翻过这座高山,在另一边的太平洋海岸和考察船会合。

船长惊异地注视着他,怀疑自己是不是听错了。他要为这个热爱科学的青年的安全负责,不敢贸然答应。可是他经不住达尔文的恳切请求,终于点头同意了,派了一个经验丰富的当地向导,配备了惯于山地行走的骡马,和他一起动身。

达尔文顺着安第斯山的东坡,攀升到海拔4000多米的地方,忽然发现了贝壳化石。他心里想，海底的贝壳怎么会分布在山上呢？准是地壳上升的结果。这座高耸的山脉，从前必定是一片大海。

他翻过了山走下西坡，又意外发现许多物种和东坡不一样。这是怎么一回事？只能用环境的变异作解释。

紧接着，达尔文又随着"贝格尔"号横渡辽阔的太平洋，经过印度洋，绕过好望角回到英国。他在沿途又考察了许多地方，观察到许多相同的物种在不同的海岛环境都有不同的特征。他更加坚定了一个信念："物种不是一成不变的，而是随着客观条件的不同而相应变异！"

在智利，达尔文目睹了地震发生和火山喷发，对这些奇异的自然现象也做出了正确的解释。

在整整五年的环球考察中，达尔文收集了大量科学资料。回国后，他耗费了20多年的时间，终于完成了一部科学巨著《物种起源》。在这部书里，达尔文首次提出了"进化论"的思想，指出物种从低级到高级、从简单到复杂，不断演变的过程。

往后的日子里，达尔文孜孜不倦继续研究，又先后写出了《动物和植物在家养下的变异》《人类的由来》等很多重要著作，彻底批判了"神创论"和"物种不变论"，在思想界和学术界引起巨大的轰动。特别是他在《人类起源和性选择》中，提出了人类由像猿一样的动物演变而来的结论，动摇了"上帝造人"的观念，更加激怒了教会。教会诬蔑达尔文学说"亵渎圣灵"，损伤了人类尊严。可是事实胜于雄辩，随着时代进步，达尔文学说终于被世界接受。上帝创造人类和物种的谬论，终于被扫进了历史的垃圾堆。

想一想

为什么同一物种在不同地方，有不同的特征？

小小的海军中尉，了不起的航海家

库克船长和他的航行

1756 至 1763 年的七年战争后，英国在美洲和印度战胜了法国，取得法属北美殖民地，同时确定了独霸印度的地位，成为新的海上霸主。可是法国并不服输，觉得太平洋还是一片空白，可以大展身手。

1766 年，法国派遣一艘巡洋舰，由布干维尔率领，进入辽阔的太平洋，寻找还没有被别人发现的地方，开辟为自己的殖民地。

英国得到这个情报，连忙由海军部牵头，组织一支南太平洋探险队，打算赶在对手的前面，抢先发现并且占领所发现的岛屿，特别是传说中的"南方大陆"，顺便探察包括奴隶在内的各种有用的"资源"，以便往后掠夺。

不消说，这个消息不能让别的国家知道，不得不找一个冠冕堂皇的借口。于是，英国对外宣布这是一个纯科学考察计划，准备在 1769 年 6 月 3 日日出的时候，到南太平洋上的塔希提岛，观测金星的运行情况。根据天文学家预报，恰巧这个时

詹姆斯·库克船长，1775年，纳撒尼尔·丹西尔绘，油画，格林尼治国立海事博物馆藏。（文化传播/FOTOE）

18世纪中期，探索太平洋地区的詹姆斯·库克船长（菲利普·福克斯油画）。（文化传播/FOTOE）

候正是观测金星凌日最好的时候。可是为什么非要万里迢迢，选择在这个地方观察，只有天知道了。

这是一个极端秘密、十分艰巨的任务，派谁带队才好呢？不能吃苦的贵族公子哥儿可不行。许多人都向海军部推荐一个名叫詹姆斯·库克的军官。他性格坚强，航海经验非常丰富，曾经执行过许多困难任务，在各种气候环境的海上航行过，还精通海洋水文和陆地测量，是一个名副其实的多面手。

按理说，库克是最理想的人选，想不到遇着许多反对意见。问题在于库克出身贫贱，是一个雇农的儿子，40岁才当上小小的中尉。这样一个人，怎么可以指挥出身高贵的贵族军官，肩负如此重大的任务？经过一场激烈辩论，由于实在找不到更加符合要求的人，海军部才勉强批准了。

库克没有提出任何条件，甚至提出不用军舰和大型商船，只要一艘普通的运煤船就行了。海军部瞧见他这样低调，就让他自己去找一只船。他左看右看，在泰晤士河上挑选了一艘三桅帆船"奋进"号，排水量只有370吨。他召集了84个船员，外加几个科学家，就在1768年8月25日出发了。

1769年1月，"奋进"号穿过南美洲最南端的合恩角，进入预定的南太平洋海域。4月13日，顺利到达塔希提岛。他和随船来的科学家，耐心等到6月3日，在万里无云的时刻，观察了金星凌日的全过程。

7月13日，库克带了一个聪明的波利尼西亚翻译，离开了塔希提岛，

继续往前航行，一路上发现了好几个海岛，依靠翻译和岛上居民沟通，没有遇着一丁点儿障碍。

根据海军部的指令，库克驾驶着"奋进"号，从塔希提岛向南航行，寻找想象中的"南方大陆"。可是他在空空的大海上兜了好几个圈子，也没有瞧见大陆的影子，只好转舵向西驶去。

在这儿，他交了好运，很快就瞧见了一道海岸。这就是荷兰航海家塔斯曼船长在 1642 年发现的"国会地"，也就是今天的新西兰北岛。

库克在这里发现了一个个突出的半岛和岬角，一个个大大小小的海湾，还望见一座积雪的山峰。他意识到这是一块面积不小的陆地，和汪洋大海里的孤岛不一样，会不会就是传说中的"南方大陆"呢？他指挥着考察船耐心地围绕着这片陆地仔细考察，用了半年时间，绘制出它的海岸图。这才发现它不是一块完整的陆地，而是南北两个大岛，中间有一条海峡隔开。他用自己的名字，将它命名为库克海峡。南岛上另一座海拔 3764 米的山峰，后来也被命名为库克峰。

不消说，他没有忘记自己的任务。不管岛上的毛利人同意不同意，他就对着青翠的海岸、不明所以的毛利人，用毛利人听不懂的语言，叽里呱啦宣布这两个大岛属于大英帝国所有。

人们也不应该忘记，不管库克的发现有多大的意义，殖民主义者毕竟是殖民主义者。他在新西兰欠下了第一笔血债。当他们刚刚到达这里的时候，遇见了陌生的毛利人。一个傲慢的英国水兵，好像打猎似的，举起枪打死了一个毛利人。

库克离开了新西兰，继续往西航行，到达了塔斯曼发现的塔斯马尼亚岛。考察一番后，他又转舵往北，边测量海岸地图，边沿着澳大利亚东海岸慢慢航行。

他们在一个风光美丽的海湾登陆，瞧见许多从来没有见过的植物，取名叫作植物湾。后来这个海湾就是

小知识

塔斯曼 荷兰航海家，1642 年发现塔斯马尼亚岛和新西兰。1644 年第二次探险，证实澳大利亚是一个完整的大陆。

1770 年水彩画：《博物学家在植物湾的杰克逊港》。1770 年 3 月，库克船长首次远航到达澳洲东岸，随行的博物学家们在植物湾（Botany Bay）进行了考察。（T.Gosse/FOTOE）

第一批英国移民定居的地方。他和水手们还十分惊异这儿的土壤是红色的，有爬树的熊、只能跑不能飞的鸟。更加奇怪的是，这儿有一种像大老鼠的动物，用两条后腿跳来跳去，肚皮上有一个口袋，里面装着幼崽。幼崽伸出脑袋好奇地望着他们。这可是欧洲人从来没有见过的东西，真让他们大开眼界。

在穿过危险的大堡礁的时候，"奋进"号一不小心撞着珊瑚礁，船舷撞了一个大洞，考察船险些儿沉没，水手们都慌了神。在这紧急关头，库克连忙命令把沉重的大炮、枪支、炮弹、铁链，甚至一些珍贵的粮食，统统抛进海里，才减轻重量让船慢慢浮起来，侥幸摆脱开礁石。他们把船拖上海滩，修补好后重新回到海上。

尽管受了这个挫折，库克依旧神气活现，对着空荡荡的海岸，宣布这

1774年，库克船长第二次探险时，在新赫布里底群岛与土著发生战斗。（文化传播／FOTOE）

里归属于英国，把一大片地方命名为新南威尔士。

1771年6月12日，库克终于完成了两年零九个半月的环球航行，回到英国。

这时，在人们眼里，他再也不是那个被人看不起的无名中尉了。整个港口像过节日一样，挤满了人，热烈欢呼迎接他胜利归来。

库克这次航行虽然有很大的收获，可是还没有找到"南方大陆"。1772年7月13日，英国海军部再次派他深入更远的南方，寻找想象中的"南方大陆"。

这一次，库克率领着两艘船，笔直往南驶去。在南半球的夏季，当年12月10日，到达南纬50°40′附近的海面，首次遇见了漂浮的冰山；第二天驶到南纬50°50′，看见成群的白色飞鸟。他相信陆地就在前面，已经不远了。

1773年1月17日，他穿过了南极圈。这是人类首次穿过南极圈，具有很大的意义。

他接着再往南航行，在南纬 67°15′的地方遇着了一望无边的冰障，再也没法往前走一步了。他只好下令返航，退回温暖的南太平洋游弋。在这儿，他发现了一连串群岛。其中一个也以他的名字命名，叫作库克群岛。

库克在南太平洋上晃荡着，耐心等待到南半球的夏天重新来临。1773年11月26日，他从新西兰出发，再次向南方有浮冰的地带发起冲击。

1774年1月30日，库克航行到南纬 71°10′，今天叫作阿蒙森海的地方，又遇着冰障阻碍，只好再次退回。

这一次，他又在南太平洋上巡行，发现了新喀里多尼亚岛，宣布对这里的占领。与此同时，他也到达了别的一些岛屿。在库克所描绘的一个"野蛮岛"上，遇见一些手持棍棒的当地土著。库克自己瞄准他们开枪，接着又下令开炮，打死打伤好几个岛民，欠下另一笔血债。

由于在南太平洋上一次次向南方探索都碰了壁，库克决定转到南大西洋，再试一下运气。

1775年1月，库克发动了对南方冰封地带的第三次冲击。

1月16日，他在南纬 40°附近发现一座岛屿。他按照惯例，又宣布加以占领，用当时英国国王的名字，命名为南乔治亚岛。

2月6日，他到了南纬 59°13′，再次被无边的冰障挡住脚步，不能往前迈出一步了。

他往回撤退的时候，十分傲慢地说："我敢说，任何时候都没有任何人，敢于向南深入到我已经航行到的地方。那个可能存在的'南方大陆'，永远也不能被人们发现。"

他错了！后来的探险家不仅远远超过了他到达的地方，登上了真正的南极大陆，还一次次冲击成功，到了世界的最南端——南极点。

想一想

库克船长有什么功绩和罪过？

这里没有失败者，失败者也是胜利的英雄

南极冰原"马拉松"

南极大陆，世界最后的一片冰封的净土。

南极，难以接近的冰封大陆的心脏。

许多年来，人们一直梦想登上这块蒙罩着神秘面纱的冰雪大陆，冲击它最最神秘的极点。

从 19 世纪开始，就有一些勇敢的探险家，并始尝试这项大胆的活动。其中最有名的是挪威人阿蒙森和英国人斯科特。

说来非常有趣，阿蒙森探寻南极的故事，竟是从北极开始的。阿蒙森小时候读了一本书《约翰·富兰克林探险记》，被英国探险家富兰克林冒险航行寻找北极，最后所有的船员全部牺牲的事迹深深感动，决心踏着富兰克林的足迹征服北极，到达谁也没有到过的北极点。

他长大后，曾经三次带队进入北极地区，积累了丰富的极地探险经验。

1909 年夏天，阿蒙森一切都准备好了，正要向北极点进军，忽然传来美国人皮里已经抢先到达北极点的消息。阿蒙森来了一个 180 度大转弯，立刻做出决定，转身朝向还没有人到过的南极点前进。

仅仅在几个月以前，曾经有一支英国探险队，到了距离南极点只有 178 千米的地方，由于断绝了粮食，消耗尽了体力，才不得不退回去。阿蒙森断定，英国人不会放弃，必定还会继续冲击。所以他只有抓紧时间，抢在前面，才能夺得第一个到达南极点的桂冠。可别像这一次慢吞吞行动，被别人抢先到达了北极点。

南极和北极完全不一样。北极点在北冰洋上，可以乘坐破冰船，尽可能接近那儿，最后才弃船登陆，顺着比较平坦的冰面前进。南极点却在地势高耸的南极大陆中心，离船登陆冲击的距离更远，沿途环境条件复杂得

20世纪初,南极洲,阿蒙森探险队及爱斯基摩犬。阿蒙森(1872—1928),挪威极地探险家。(文化传播/FOTOE)

多。要想完成这个梦想,必须拿出更大的勇气,做好更加充分的准备才行。

阿蒙森是老练的极地探险家,当然深深明白其中的差别,所以他在1909年做出转向南极的决心是一回事,立刻付诸行动又是另外一回事。从北极转向南极谈何容易,需要完全变换一套方案,准备完全不同的一套设备才行。

1910年,阿蒙森率领一支精心挑选的队伍,带着他特别钟爱的爱斯基摩犬和雪橇,驾驶着一艘考察船,到达南极大陆罗斯海的鲸湾。由于很快就要进入漫长的南极冬季长夜,他决定在这里建立过冬营地,耐心等待第二年春天的到来。

对于探险来说,最重要的是后勤物资储备。他沿着选定的路线,每隔11千米就建立一个储备仓库,总共建立了三个仓库,预先把必需的食物、燃料和狗粮准备充足,就不用在冲击极点的过程中,耗费宝贵的人和狗的体力搬运了。为了防止迷失方向,他还布置了许多标杆。后来的事实证明,这个细致的准备工作不是多余的,对集聚精力冲击极点,有不可估量的巨大作用。

阿蒙森深深明白,这是和严酷的南极大陆环境斗争,也是和别的对手竞争，不做好这样充分的准备可不行。

阿蒙森的顾虑不是多余的。几乎在同一个时刻，正有一支英国探险队，在著名极地探险家斯科特的带领下，也朝着南极点前进。一场著名的"南极探险长途赛跑"，就这样开始了。

两支队伍齐头并进，需要分开介绍。现在让我们先说阿蒙森这边吧。

阿蒙森的队伍总共只有 20 个人，完成了沿途储备仓库建设后，他只选出 5 个人进行最后冲刺。他们踏着滑雪板，驾着 52 条爱斯基摩犬拉的 4 架雪橇，从鲸湾基地出发，直朝南极大陆内地前进。

尽管他事先做了许多准备，一路上还是遇着无数想象不到的困难。多山的南极高原，地形崎岖不平，他们常常不得不赶着气喘吁吁的狗，爬上一个又一个陡坡。强壮的爱斯基摩犬也支持不住，一只只倒地死了。运载物资的雪橇，还曾经掉进冰缝，好不容易才拉上来。此外，南极大陆特有的恐怖暴风雪，几乎让他们寸步难行。不消说，队伍行进速度慢了下来。

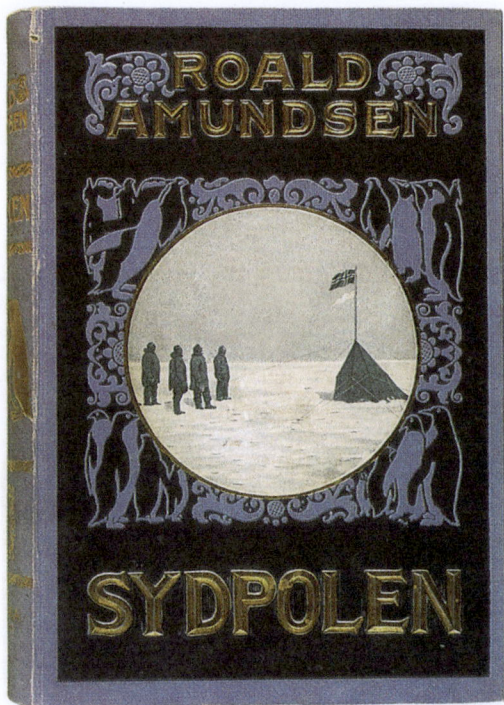

阿蒙森的自传著作，讲述了他征服南极极点的惊险经历。（文化传播/FOTOE）

如果再这样拖拖拉拉往前走，不仅会耽误时间，还可能造成难以估计的严重后果。

在这个关键时刻，阿蒙森做出一个大胆决定，杀掉剩下的 42 只狗中的 24 只体弱的充作食物，同时放弃一架多余的雪橇，带着两个月的口粮，只用 18 只体格健壮的狗，拖着 3 架雪橇接着前进。

他这样做，是为了在和斯科特的竞赛中赶在前面。要不，被对手抢了先，一切努力岂不统统化为乌有了吗？

他这样做是正确的。由于轻装前进，大大提高了速度。队伍

1912 年 1 月,英国极地探险家斯科特和同伴们在南极点。中间站立者为斯科特。(文化传播/FOTOE)

保持每天 30 千米的速度,一步步往前推进,只用了接近两个月的时间,就在 12 月 14 日胜利到达南极点。此时此刻,阿蒙森和伙伴们多么激动呀,忘记了一路上所受的一切磨难,高声欢呼拥抱,庆祝胜利。他们在这里建立了一个名为"极点之家"的营地,自豪地插上挪威国旗,同时进行了连续 24 小时的太阳观测,测量出南极点的精确位置。他们在这里筑起一个石头堆,再安放一个空雪橇,作为地球最南端的标志。

在这个时候,他没有忘记竞争对手斯科特,深信斯科特很快就会到来。在营地帐篷里,除了留下一封给挪威哈康国王的信,还给斯科特也留了一封,通报自己的胜利消息,也安慰勇敢的对手。

斯科特呢?他在另一条向南极点进军的路上怎么样了?

斯科特也是极地探险的老手,早就尝试过冲击南极点的活动了。1902 年他就曾经到达离南极点只有 350 千米的地方。现在第二次发动冲击,他的决心和把握都很大。为了这次活动,他也做了很充分的准备。

进军南极点,需要特殊的运输工具。斯科特选择的是西伯利亚矮种马和 3 辆履带式拖拉机。

唉,这个错误的选择要了他的命。想不到在极度寒冷的气候条件下,拖拉机只走了几天就不能动了,趴在雪地上成为一堆废铁。西伯利亚矮种

171

马也不能适应南极高原的恶劣自然环境，一匹匹垮了，对斯科特是致命的打击。

请问，到了这个要命的时刻，斯科特该怎么办？继续前进，还是沿着原路退回去？

前进，已经失去了运输工具。后退，岂不是低头认输，把首先到达南极点的荣誉，拱手让给阿蒙森？

不，他不能后退半步。无论付出什么代价，也要把这场竞赛进行到底。

他无法可想，只好做出一个可怕的决定：使用人力拖拉着笨重的雪橇，继续迎着风雪步行前进。可是人不是机器，也不是牲口，怎么能保持原有的速度，继续支撑下去？

斯科特毕竟是了不起的极地探险英雄。在这样艰苦的条件下，居然咬牙拼命，带领同伴顺利到达了终点。他在这里瞧见迎风招展的挪威国旗和阿蒙森留给他的信，心情多么难受，可想而知。

对于他来说，厄运还没有结束，更大的灾难还在后面呢。当他们垂头丧气往回走的时候，遇到最可怕的暴风雪，加上疲劳和饥饿，两个队员先后倒了下去。斯科特和另外两个同伴走到距离下一个补给营地只有17千米的时候，再也没法往前迈出一步。他在3月29日的最后一篇日记中，留下了最后几行字，慢慢合上了眼睛。人们在他们的遗体旁边，找到17千克重的植物化石和矿物标本，不禁感动万分。这些勇敢的探险家虽然已经十分虚弱，几乎走不动了，却还坚持带着这些宝贵的标本，真值得尊敬啊！

想一想

南极点是怎么发现的？

它是联系两大洋的走廊，它是一部辛酸的历史

巴拿马运河风风雨雨

巴拿马运河，连接大西洋和太平洋的交通咽喉。巴拿马运河是怎么修造的？得回头从哥伦布开始，简单回顾一下巴拿马地峡和太平洋的发现过程。

当年哥伦布的任务，是要发现一条从西边通往印度的道路。当他到达美洲后，就千方百计寻找绕过新大陆，进入传说中的"南海"的道路。

什么是"南海"？就是太平洋呀！

1502 年 8 月，哥伦布抓了一个印第安老人，逼迫他带路登上中美洲洪都拉斯的海岸，受到当地印第安人的热烈欢迎。哥伦布不管这一套，立刻竖起西班牙旗帜，宣布对这里的占领。两个月后，他终于到达巴拿马，

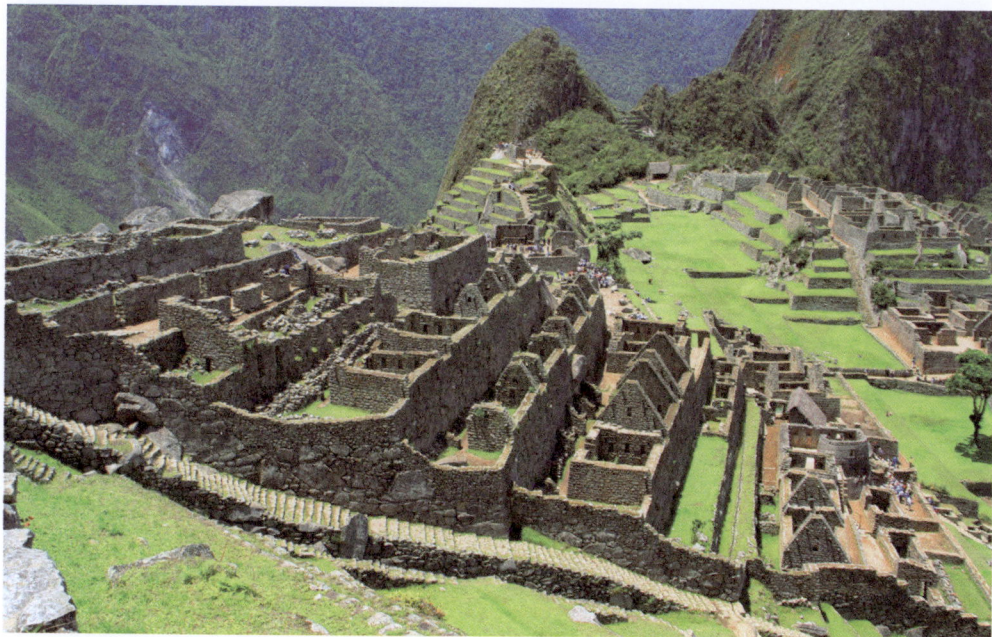

秘鲁马丘比丘的印加遗址。（张奋泉 /FOTOE）

得到同样的欢迎。哥伦布起初还装出友好的样子，用3个小铃铛，交换了17个黄金手镯。他在这里打听到距离这儿不远的南方，面临"南海"的地方，有一个盛产黄金的大国。哥伦布得到这个重要情报后，觉得这些印第安人的利用价值已经完了，一下子翻了脸，开枪开炮镇压。可是这样一来，他就再也甭想得到印第安人的帮助了，只好灰溜溜转身走了。

那个神秘的"南海"边的大国当然不是印度，而是南美洲的印加帝国，也就是今天的秘鲁。从此以后，西班牙人就千方百计企图穿过巴拿马，沿着"南海"海岸找到它。

16世纪刚刚开始的时候，两个做黄金梦的西班牙贵族，得到当时割据西班牙的卡斯蒂利亚国王批准，自己纠集一帮流氓，到中美洲建立殖民地，被封为当地的"总督"。他们在这里大肆搜刮黄金、抓捕奴隶，引起印第安人激烈反抗，被困在堡垒里寸步难行。这时候，西班牙又来了一批想发横财的冒险者。内中一个名叫巴尔博亚的人，使用阴谋手段，代替了两个倒霉的"总督"，接着寻找通往"南海"的路。两年后，他带领几十个亡命徒，终于摆脱了印第安人的阻拦，经过千辛万苦深入巴拿马腹地，登上一座森林密布的高山，看见了蔚蓝色的大海，就是他们向往中的"南海"了。

巴尔博亚十分兴奋，立刻举起手里的卡斯蒂利亚国旗，找几个随行的水手充当"合法"的"公证人"，对着空气装模作样郑重宣布："我已经为卡斯蒂利亚国王占领了眼前这片海洋，和它的一切陆地、岛屿……从北极到南极的海岛、北大陆、南大陆和它们的海洋，以及赤道两侧，现今和以后永远拥有主权，直到世界还存在，直到对一切濒于死亡的最后审判为止。"

请听，这岂不是一个疯子的梦呓吗？这个无耻的殖民者企图看一眼，就宣布占领辽阔的太平洋，加上沿岸所有的地方，岂不是癞蛤蟆妄想吞月亮么？

可是人们不要忘记，就是这一段疯狂的梦呓，却被西班牙殖民帝国郑重其事记录进"史册"，作为占有所有这一切的"合法"根据。

呸！狂妄无耻的殖民者，简直不知人间尚有羞耻事。如果我也来到你的老家门口望一眼，找一条路边的小狗作"公证"，就宣布包括西班牙在内，整个欧洲都属于我自己，直到地球末日。行吗？

写书的老头儿不厌其烦，回顾了这一大通历史，为的就是要说明巴拿马地峡的重要性。

西班牙殖民者发现了狭窄的巴拿马地峡后，

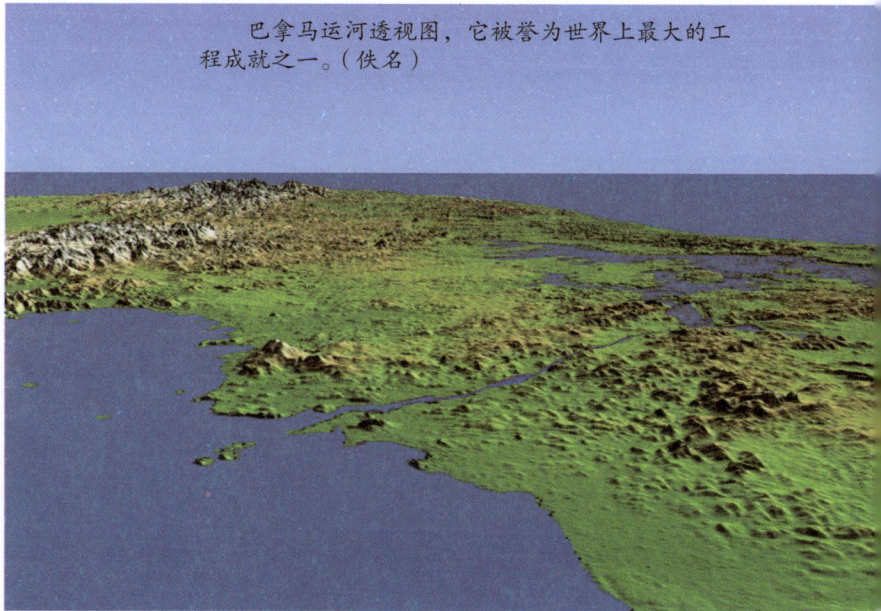

巴拿马运河透视图，它被誉为世界上最大的工程成就之一。（佚名）

想不到两边的大洋相距这样近，产生了极大的兴趣。1534 年，当时在位的西班牙国王查理一世就想挖通一条运河，连接加勒比海和太平洋。只是由于技术条件不够，才放弃了这个想法。殖民者驱赶着无数印第安奴隶，用鹅卵石铺砌了一条穿越地峡的驿道，运输殖民军队，转运两边的货物，曾经繁盛了一时。

从那以后，英国、法国、美国，都曾经做过挖运河的梦。那时候，巴拿马是哥伦比亚的一个省，谁要在这里干什么，都得经过哥伦比亚点头才行。19 世纪中期，美国说通了哥伦比亚，先铺了一条横贯地峡的铁路，接着得寸进尺，要求运河开挖权和控制权。法国不甘落后，也提出了开挖的要求。

由于法国提出的价码比美国低，又有成功开通苏伊士运河的经验，1878 年就取得了这条运河的开凿权。经过两年多准备，运河于 1881 年动工开挖。可是这里的自然环境十分复杂，和一片光秃秃的苏伊士地峡完全不同，要挖掘一条同样的运河比登天还难。法国人进行到 1889 年，不得不停工了。

法国人知难而退，美国人插手进来，用廉价收购了法国运河公司的财产和权利，再转过身和哥伦比亚政府谈判。恰巧哥伦比亚发生内战，美国趁机压迫哥伦比亚在 1903 年签订了一个不平等条约，同意美国有权在这里挖掘、经营和控制运河，甚至可以驻扎军队。哥伦比亚人民感到非常愤怒，国会否决了这个条约。美国一不做二不休，干脆鼓动巴拿马独立，趁热打铁再和刚刚成立的巴拿马政府签订了《巴拿马运河条约》。根据这个条约，美国享有在巴拿马开凿运河和"永久使用、占领及控制"运河和运河区的权利。作为补偿，美国一次性支付给巴拿马 1000 万美元，外加每年 25 万美元租金。以后巴拿马就只能闭住嘴巴，不能哼一声了。

1904 年，运河正式动工了。在法国留下的工程基础上，开挖工作进展非常顺利。动用了无数劳工和工程机械，经过了整整 10 年，运河终于在 1914 年通航。

说到这里，需要特别说一句。挖掘这条运河的劳工，来自 50 多个国家，以亚非拉国家和地区为主。在环境无比恶劣的深山、密林、沼泽中，劳工们顶着热带毒日、暴雨，忍受毒蛇、毒蚊的骚扰，提防黄热病和其他流行疾病工作，前后死亡了 7 万多人。平均每挖通一米，就留下一个工人的生命。其中包括许多贫苦华工，也把自己的生命留在这里。

这条运河全长 81.3 千米，宽 150 至 304 米。为了穿过中央山地，来往船只必须从一边经过三级船闸，上升到最高处；再经过另外三级船闸下降，才能顺利通过。这条运河建成后，大大缩短了大西洋和太平洋之间的航程，和苏伊士运河具有同样的重大意义，所以有"世界桥梁"之称。

遗憾的是，留在它的身上的，还有一个"运河区"，包括两侧各 16.09 千米距离，总共 1432 平方千米的范围，由美国牢牢控制，形成一个"国中之国"，极大损害了巴拿马人民的主权和尊严。完全收回运河区，是巴拿马人民的共同心愿。巴拿马人民经过长期斗争，终

小知识

门罗主义 1823 年美国第五任总统门罗提出。主张"美洲是美洲人的美洲"，不许欧洲列强再在美洲开拓殖民地。实际上，宣布拉丁美洲属于美国的势力范围，成为美国干涉拉美事务的借口。

漫画：在战舰的拥簇下，强大的"山姆大叔"的化身——卡通巨人罗斯福铲起一铁锹巴拿马的土，抛到了哥伦比亚的首都。1903 年，美国罗斯福总统出兵巴拿马，支持巴拿马的分裂，强占运河的开凿和使用。（文化传播/FOTOE）

于在 1977 年 9 月迫使美国同巴拿马签订《巴拿马运河条约》和《关于巴拿马运河永处中立和管理的条约》，两项条约已于 1979 年 10 月正式生效。按照条约规定，到 1982 年 10 月后，巴拿马要收回运河水陆地带 70% 的面积，2000 年前收回运河区的全部主权。

美国忘记了自己宣称的"民主、自由"，按照"门罗主义"，一直把拉丁美洲当成自己的后院。谁不听话，就敲谁一棒。对巴拿马也是一样的，百年来把巴拿马欺侮得够呛，甚至在 1988 年 12 月 30 日，派出好几万全副武装的海军陆战队员入侵巴拿马，逮捕了巴拿马总统诺列加将军，押送往佛罗里达州的美国法庭进行审判，宣判他 40 年监禁。罪名是一个"腐败、奸诈的独裁者，为刑事犯罪团伙提供保护的坏透了的家伙"。就算这些都是真的，别人国家的事，与你有什么相干？凭什么去逮捕别人，让他在美国法庭受审，坐美国的大牢？

巴拿马运河的故事讲完了，留给人们什么深思，请你想一想吧。

想一想

巴拿马运河的历史给人什么深思？

鄂新登字 04 号

图书在版编目（ＣＩＰ）数据

世界上下五千年. 英国革命—日俄战争 / 刘兴诗著. —武汉：长江少年儿童出版社,2015.10
（刘兴诗爷爷讲述）
ISBN 978-7-5560-3180-1

Ⅰ. ①世… Ⅱ. ①刘… Ⅲ. ①世界史—少儿读物 ②革命史—英国—少儿读物 ③日俄战争—少儿读物 Ⅳ. ①K109

中国版本图书馆 CIP 数据核字（2015）第 178750 号

世界上下五千年·英国革命—日俄战争

出 品 人：李　兵
出版发行：长江少年儿童出版社
业务电话：（027）87679174　（027）87679195
网　　址：http://www.cjcpg.com
电子邮件：cjcpg_cp@163.com
承 印 厂：湖北恒泰印务有限公司
经　　销：新华书店湖北发行所
印　　张：11.25
印　　次：2015 年 10 月第 1 版,2015 年 10 月第 1 次印刷
规　　格：720 毫米×1000 毫米
开　　本：16 开
书　　号：ISBN 978-7-5560-3180-1
定　　价：29.80 元

本书如有印装质量问题　可向承印厂调换